分権時代のまちづくり

足もとを掘れ、そこに泉が湧く

坂本忠次

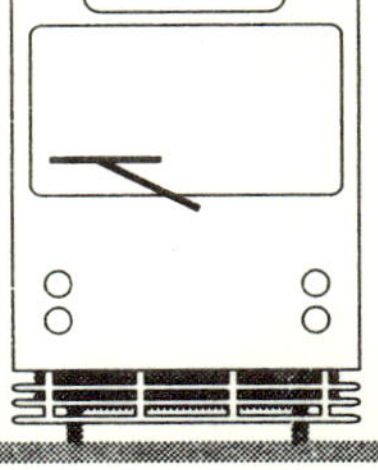

大学教育出版

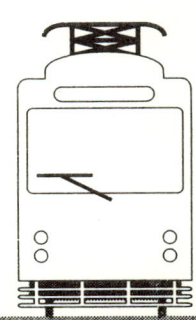

はしがき

一九九五年五月発足した地方分権推進委員会のもとで、「分権型社会の創造」を目ざした第一次～第五次の勧告が九六年から九八年にかけて行われ、その後、地方分権推進計画も策定され、九九年七月には四七五本からなる地方分権一括法案も国会で成立を見て二〇〇〇年四月から施行される。

日本国土における地方分権への新たな動きが見られだしたわけであるが、元来、地方分権の実現は単に行政権限の地方移譲（機関委任事務の廃止に伴う）や財源の移譲（今回の改革ではこの点は実現しなかった）のみにとどまるものではない。さらに、経済システムや社会システム、教育、福祉、環境、文化といった住民の活動分野にまで及ばねば、真の地方分権とは言えないだろう。

地域の活性化にとって、何よりも、住民の定住のための産業・雇用の場が重要となることは言うまでもない。産業技術の創造を含む各種産業の内発的発展、環境－私たちを取りまく自然環境と共に歴史的環境がある－と人間との共生を含む持続的発展（サスティナブル・ディベロップメント）がきわめて重要となってきている。また、都市・農村の景観整備をはじめ、教育、福祉、環境、文化などの地域行政への住民の参加のあり方が改めて問われる時代を迎えているのである。

それは、地方自治におけるいわゆる団体自治に加えて、住民参加（市民参加）による自治（住民自治）の分野が、二十一世紀の地方分権にとってきわめて重要となることを意味している。

このような趣旨から、本書では、筆者のこれまでの瀬戸内・岡山を中心とした三十年余に及ぶ地域活動・社会文化活動の中で、折にふれて新聞、雑誌等に投稿し掲載されたエッセイ、評論、コメントなどからいくつかを選択し収録している。

標題を「分権時代のまちづくり」として見たが、その意味で、本書はこれまでの地方自治財政の研究と教育の言わば〝余録〟と言ってよいものである。

筆者の地域研究には、地域史や自治財政の歴史的な研究と、地域の自治・経済財政・環境や地域開発等に及ぶ現状分析の分野とがある。当初東京の経済研究所等を通じて東北の秋田県や長野県、静岡県などの調査も始めたが、その主要なフィールドは、岡山大学在職時代の瀬戸内や岡山を中心とした地域史や地域開発の分野であることは言うまでもない。

筆者の調査は、近年、欧米の都市や特に中国、韓国、台湾、フィリピン……など東アジアの経済・都市・環境問題等の分野にも及んできており、また、特に福祉を中心とした自治・財政・まちづくりの方向にも強い関心を持つに至っている。本書に収録したエッセイのいくつかも、実は、そのような内外での調査活動の中で得られた小体験に基づくものである。

そのキーワードは、平凡だが、やはり「歴史と文化、（さらには）福祉に根ざしたまちづくり」と言ってよいものであろう。私の生活のモットーは、自然を大切に、歴史を大切に、人間を大切に、なのである。

本書は、当初、自然生活社から出版されたが、行政や経済界、一般読者をはじめ研究者・学生の方々からもいくらかの関心を持って頂くことができた。この度、㈱大学教育出版から一部改訂し、新しい装丁のもとで出版して頂けることになった。同社の佐藤守出版部長には、前著(『地域史における自治と分権』)の出版とあわせ改めて厚くお礼申し上げたい。

本書の中には、既発表の文章を修正して掲載したものが多くなっているが、新たに書きおろしたものも一部ある。このたびの出版に当たって、第二章㈡に「福祉のまちづくりをめざして」の節を新たに追加し、若干の改訂を行った。

本書は大学の財政学、地方財政論、地域経済論のサブテキストでもあるが、日頃まちづくりに関心のある自治体職員・一般市民にも一読をお勧めしたい。

なお、最後に、本書の初出一覧をかかげ、転載を快く承諾して下さった各紙と写真等を快くお貸し頂いた諸団体の方々にも改めてお礼を申し上げてはしがきとする。

二〇〇〇年一月

笠岡市茂平の寓居にて

坂本　忠次

分権時代のまちづくり／目次

一、足もとを掘れ、そこに泉が湧く

東京と岡山

岡山に生まれ、大学・大学院・研究所など東京で約十年間を過ごした。あこがれて東京に出たが、縁あって郷里の大学に赴任することになり、以来三十二年が過ぎた。職場が岡山の地に決まった時、郷里の地で教育・研究ができる喜びとともに、一面では〝都落ち〟に似た一抹の寂しさも感じた。どうしてこのような感慨に襲われたのか。

東京一極集中の是正が叫ばれてから久しいが、今日もこの局面は基本的には変わってはいない。もっとも東京圏の人口増加は近年停滞の局面を迎えつつあるが、なお地方圏からの若者の流出が続く。

確かに、東京は政治行政の中心地であるとともに、企業の本社をはじめオフィスビルや、芸術・文化・娯楽・スポーツとほぼあらゆる都市機能が集中している。

遷都問題も論議されているが、どのようにしたら地方圏、地域経済の活性化がもたらされ、真の地方分権が実現するのか。国の行政権限や財源の地方自治体（特に市町村）への移譲がまず必要だろう。

これに加えて、筆者は、地域経済と地域文化の活性化が特に大切だと思う。戦後の瀬戸内・岡山は産業構造の変ぼうが激しく、都市化も進んだ。また、戦前以来の旧家地主史料・役場史料、労働・農民・社会事業、教育・宗教など地域の歴史を語る資料も豊富に存在している。

岡山での豊富な資料の存在や、さまざまな人々との出会いが、三十二年に及ぶ私の地域研究を支え続けてくれた。

足もとを掘れ

「足もとを掘れ、そこに泉が湧(わ)く」というゲーテの言葉がある。二十一世紀に向けた分権と自治の原点はまず、自分の生活の足もとを見つめ、見直していくことから始まると言えるだろう。

伝統的に農業と繊維産業などが中心であった岡山は、戦後の高度成長と地域開発の時期に、県南の水島地区を中心に素材型産業を中心に重化学工業化が進展した。一方で、地元中小企業との格差も大きく、これをいかに技術創造力の高い中堅企業を中心に、サービス産業を含めすそ野の広い産業構造に変えていくかが課題であろう。

内発的発展への大きな流れの一つに、近年の町おこしや村づくり運動がある。大分県の一村一品運動などに始まるこの運動は、近年ロシアや中国、東アジアなどの発展途上国にも広がりを見せている。

筆者も、これまで、県内の市町村の振興計画と財政、自治体職員を中心とした自治研究活動、へき地学校問題への助言など、いくつかのお手伝いをしてきたが、私なりに、まちづくりへのポイントを挙げると、

第一に、住民の地域行政への参加を促進できるCI（コーポレート・アイデンティティー＝企業イメージ統合戦略であるが自治体にも適用）やキャッチフレーズの作成

第二に、そのまちの自然と歴史、文化的条件などの掘り起こしと顕彰

第三に、まちをきれいにし、自然的景観と、歴史的景観の保全を図ること

第四に、若者がまちにとどまることのできる産業雇用環境と住宅環境の整備

第五に、住民がまちづくりを自ら考え、まちづくりに参加するシステムづくり、などが少なくとも必要であろう。

私の小さな戦争体験

毎年、八月十五日の終戦の日が訪れると様々な感慨にひたる。一九九七年の終戦記念日に、自民党の橋本首相が初めて日本の加害責任にふれ、「反省」の言葉を述べたのが印象に残った。日本でもアジアの国々を訪れても、なお戦争の傷跡は消えてはいない。

終戦の年の昭和二十年の夏、筆者はなお小学校六年生として在学していた。倉敷市玉島赤崎の第三国民学校（現柏島小学校）である。

その翌年の春、卒業したが、直接の戦争体験はない。また、農村地域に生まれたため、幸いにも岡山市の空襲にはあっていない。しかし、筆者なりの間接的な戦争体験はいくつかある。

まず、国民学校を卒業したら予科練か、少年航空隊を志願する決心をしていた。しかし、これは実現せずに終戦の日を迎えた。あと六カ月ほど戦争が続いたら、これらのいずれか（そしていずれは特攻隊も）を志願していたはずであり、運命の分かれ目だった。

小学校では、集団で開墾によく出かけた。工場への学徒動員も一年上のクラスまであった。開墾への集団行進の際、隣の友人の肩にリラックスして手を掛け、担任の先生から後で何回もビンタを食らった。当時級長をしていたが、リーダーたる者が何事かということである。

大都市から疎開してきたり、引き揚げてきた友人からはよい刺激を受け、小学五年生の時、初恋も経験した。

当時の国民学校の同窓生で二・一会と言うのをつくり、卒業四十年目には戦時中で行けなかった奈良方面への卒業旅行も実現させた。殆んどの恩師も他界され、旧友も一年一年去っていく。五十一年目の夏、八十歳の高齢を過ぎたY先生のみが、東京でご健在なのが心強い限りだ。

都心の空洞化

今、日本の都市が抱える課題の一つに、都心の空洞化をめぐる問題がある。オフィスビル等が林立する大都市の東京や大阪はもちろん、岡山や倉敷など地方都市でも、都心の定住人口の著しい減少が見られる。

都心の活性化をどのようにして実現していくのかは今、地方都市にとっても大きな課題である。

海外の都市は、この問題にどのように対応しているのか。誰しも海外旅行を経験した人ならすぐ気づくことだが、ヨーロッパなどの都市を訪れると、ダウンタウンの各種の都市施設や景観は観光客にも、住む人にも、多くの魅力を与えている。

都市の中心部のシティホール（市役所）をはじめ、広場とバザール（市場）、広い公園と教会、美術館や博物館などの諸施設は都市機能の必要条件となり、ハーモニーを形成している。

これは、ヨーロッパの都市が城壁の中で商品交換を行い発展してきた都市形成の歴史とも深い関係があることだろう。とりわけ、ドイツ北部の旧ハンザ都市やイタリアの諸都市には、古い町並み（オールドタウン）を完全に保存・修復しているものが多い。

筆者のこれまでの海外旅行の中で最も忘れがたい経験の一つは、かつて訪れたポーランドのワルシャワの街で、ナチスに破壊される以前にあった歴史的建造物をそのまま修復・復興している姿を見たことである。ワルシャワ郊外のショパンの生家では、緑多い邸宅の庭で生のピアノ演奏も聴かせてくれた。

活性化への原点は、都市には市民や観光客の憩う広場があり、都市の歴史的資源をフルに生かし、これを市場を通じ商業の繁栄と結び付ける活動にあるのではないか。

合衆国の自治に学ぶ

海外旅行の体験の中で、いまひとつ、アメリカの旅から学んだことにふれておこう。

筆者のアメリカへの旅は、これまで四〜五回程度にすぎないが、このうち二回は、西海岸のカリフォルニア州、サンフランシスコ湾岸周辺への旅であった。

瀬戸大橋を中軸とした両岸の岡山・香川両県の内海沿岸の諸都市の広域圏の形成のあり方は、サンフランシスコ湾岸の都市圏形成のあり方と類似していることから、かねてから親近感をもち関心を持ってきた。

とりわけ、サンノゼ市は、岡山市の姉妹都市として国際交流をしている都市であり、筆者も過去二回は、市長の手紙を携えて訪問した。シリコンバレーで知られるサンノゼ市の産業の発展は急速で、人口も八十万人を超える都市成長ぶりである。

アメリカの土を踏むたびに、最近わが国で叫ばれている分権化と自治の源流は、やはりこの大陸の土壌で今もなお息づいているのではないかと思ってしまう。

サンノゼ市で会った財政局長が女性であり、議会議員の三分の二が女性であることにまず感心させられた。しかも、議員数が一七人程度ときわめて少なく、シティマネージャー制をとっている。シティマネージャーには大学院卒の人も多い。

連邦制国家の州分権のあり方は、それ自身注目してよいところである。カリフォルニア州の州都がサンフランシスコではなく歴史的な街のサクラメントにあり、ペンシルベニア州の州都が人口十万のハリスバーグに所在することは、アメリカの分権の奥行きの深さを示すものであろう。

カリフォルニア州の有権者による提案一三号は、財産税の評価や税率を住民が選択する法案で、全米に拡大した運動である。

州分権の基礎になお強い住民自治の伝統が息づいている合衆国に学ぶものは多い。

地域資料の宝庫

豊富な歴史資(史)料の存在も、その地域の文化度を測る有力な指標であろう。

岡山大学に赴任してからは研究の必要上、県下市町村の役場所蔵資料、地主資料などの調査を進めて今日に至った。

牛窓町、和気町、鏡野町、備中町、成羽町、金光町、山手村、津山市、笠岡市、井原市、

岡山市、倉敷市ほか所蔵の会議録や現勢調査簿・事務報告など行政資料の整理・仮目録の作成などを学生や大学院生の協力のもとで進め、地方税（戦前は「戸数割」と言う）の歴史に関する論文をいくつか発表してきた。

その後、県史やいくつかの市町村史の編さん事業にたずさわることになり、資料整理は、行政文書から旧家所蔵の地主文書、戦前の労働・農民・社会運動・社会事業などの分野にも拡大していった。

これまでの資料収集をもとにいくつか著作もまとめることができたが、その過程での印象深い思い出を記しておこう。

第一は、邑久郡牛窓町の大地主服部両家所蔵の資料を当主服部和一郎氏（故人、現在の当主は服部恒雄氏）と服部完二氏のご好意により公開して頂いたことである。明治十七年大本家制度を創出した両家の資料保存はほぼ完全で、岡山県東部地方の研究に大きく役立った。

第二は、岡山県史編さんの過程での都窪郡清音村の元岡山県警察部高等課長松野友治氏所蔵の膨大な部内資料（同氏の俳号にちなんで「蛍籠」と呼ぶ）の収集である。大正期岡山の社会状況に光が当てられた。ご健在で百歳を超えられていた松野氏は、一九九八年惜しくも他界されたと聞く。

その他、倉敷の大原・大橋家ほかの資料整理もご当主の理解とご協力をいただいてできたが、古い蔵や土蔵の二階、天井裏などで、学問的にも貴重な史料を発見できたときの感慨はまたひとしおだ。

経済学の授業

「大学時代の先生の講義はあの話が面白かった」「ゼミ旅行で訪れたあの村のことが印象に残っている」と、宴会などで卒業後十年ほどへた学生OBから聞かされる。

よく聞くと、アダム・スミスやケインズ、マスグレイブなど経済学や財政学の理論の講義よりも、昔の自治体が糞(ふん)尿処理に苦労し小船で瀬戸内海はもちろん太平洋にまで投棄した話とか、ゼミナールの旅行で過疎の村を訪れ、おいしいバーベキューを食べたとか、凍りついた冬の中山間地域の道路で車がエンコし皆で押し合った経験など、具体的な事柄が思い出に残っているようだ。

大学の講義では、「地方財政論」を教えており、都市・農村の身近な経済などを例に瀬戸内や岡山県の自治体の歴史や現状に及ぶことが多い。講義の三分の一を、筆者がこれま

新庄村メルヘンの里（ゼミ旅行）

で調査し体験してきた地域のエピソードなどで埋めている。

経済学は人間の学問である、と学生時代の恩師や先輩の先生からよく聞かされた。一見、堅苦しいと思われている経済学者にも、観劇とか和歌を作るなど隠された趣味を持っている人が多い。若い時代映画評論を書いていたエコノミストの先生もいる。

漫画、ウルトラマン、テレビ、テレビゲーム…映像文化の中で育ってきた現代の若者にどのようにして経済学の中身を伝えていくのか。筆者の授業方法を、敢えて言うならば、抽象的な理論から具体的なものに進む方法よりも、具体的なものを通して抽象的なものに迫る道であろうか。

大学改革やカリキュラムの改革が叫ばれて久しいが、目的意識の薄いと言われる経済学部の学生に問題意識を持たせ、どのように魅力的な経済学の授業を行うかは、なお永遠の課題である。

生涯学習

人生八十年時代を迎え、定年後の二十年はもちろん、日常の職場や家庭での再学習や人生設計のあり方が求められている。

バブル経済崩壊後、市民（主婦を含む）の経済問題への関心が高まり、学部の公開講座などへの出席者も多くなった。最近は郷土史の見直しや女性史、自分史など歴史への関心の高まりも認められる。

ここ数年、大学の私のゼミを訪れた人々の動機や問題意識を見ても、郷土の歴史や都市計画史に関心のある人、大学時代の経済学研究をさらに深めたい人、自治体史や社会事業史の研究、税理士や会計士志望、さらに博士課程に進学して研究者（または教員）を志望する人ときわめて多様である。

また、大学もこの問題への対応とカリキュラムや受験制度の改革に迫られている。

経済学部でも、これまでの第二部（夜間部）三年次入学の社会人コース、大学院修士課程や博士課程（文化科学研究科）の昼夜開講制などに加えて、新たに一年次入学の社会人特別選抜（夜間）を設け、また高校などからの推薦入学の枠を増やす（昼間）など、この問題に対応している。

現行の岡山経済人（岡山経済同友会）の協力によるボランティア・プロフェッサー制度、日本銀行岡山支店長、岡山県副知事他外部の人びとの特別講義などを試みているが、専門教育の多様化をさらに図っていく必要があるだろう。

これら社会人の多様なニーズに応えていくため、教員の側にも①自らの専門分野にとどまらない総合的学習②本人の問題を掘り起こし整理していく役割③本人の悩みを聞き励ましていく役割、などが少なくとも求められてくるだろう。

住民の学習への熱意と人材育成、生涯学習のあり方こそ、地方分権の真の中身となるものである。

二、分権時代のまちづくり

(一) 欧米の都市づくりに学ぶ

歴史街区の保存

一九七九年の夏から秋にかけて、ポーランドとヨーロッパの諸都市をみて歩く機会があった。東欧のポーランドでは環境問題の調査を中心に二週間の招待を受け、イタリアでは、ローマやボローニア、ベニスなどのほかに、国際学会出席をかねシチリア島のアグリジェントほか全島にわたるギリシヤ文化の遺跡などをみた。その他、ヨーロッパ主要諸国の首都とともに若干の地方都市を訪れ、財政や都市計画などの資料を収集することができた。結論から申し上げて、〝文明の没落〟が言われているヨーロッパの諸都市が、逆に都市の復興と再開発計画に息づき、歴史街区の保存・修復、歴史的文化財・文書などの保存、自然と環境との調和に意を用いていることに深い感銘を受けたことである。

東欧の社会主義国ポーランドでは、首都ワルシャワ、北部バルト海岸沿いの歴史的なハンザ自由都市グダンスク、十一世紀に創立された古い大学のある伝統的な都市クラクフ、石炭と民芸品などの町カトーヴィツェ、森と湖の国立公園などのあるザコパネ、第二次大戦中のユダヤ人収容所の再建を中心に都市計画をすすめたオシフェンティウム（アウシュヴィッツ）などの都市を訪れた。

ワルシャワの街と市民広場

とりわけ印象に残ったのは、この国の都市の再開発と歴史街区の保存・修景のあり方である。首都ワルシャワは、第二次大戦中にドイツ軍の侵攻を受け、ナチは敗戦直前にこの街を完全に破壊した。しかしワルシャワ市民たちは、戦後の都市復興計画に鋭意努力し、中世以来の王宮跡など文化遺産を再建するのに力をつくし、緑美しい整然とした街ワルシャワ市が誕生した。

印象深かったのは、近代都市ワルシャワ市の一角にあるオールドタウン（旧市街）の歴史街区・街並みの復興と修復のあり方である。城壁のこわれかけた一部、王城、マーケット

（市場）の建物や商館、教会、公園と広場や国公立の美術館などが渾（こん）然一体に調和し、再建されていることであった。汚れた建物は汚れたままに、こわれ傾きかけた建物も元のままに、新たに再建してゆく修復技術にはすっかり感心させられた。

九月一日はちょうどポーランドの終戦記念日で、教会前の広場での大野外交響楽を群衆の一人として楽しむことができたのは幸いであった。この点は、グダンスクでも、クラクフでも同様である。クラクフの旧城塞（さい）内オールドタウンの都市修復事業は、一九七七年ごろから着手された。ここでも城壁を含む歴史街区の保存・修復に意を用いていた。市民運動とともにはじめられているこの街の都市再開発計画は、ポーランドの外国人観光政策もかねていることもあって、主要な財源は、国からと、自治体及び市民有志からの献金と、文字通り官民の協力によってまかなわれていた。この都市の公立の美術館には、わが国江戸時代の北斎や歌麿の浮世絵のコレクションが何百点も保存されるなど、さすがヨーロッパ第二の古い大学を誇る歴史都市と驚嘆の念を禁じ得なかった。

このほか、ポーランドの「森と湖」に象徴されるザコパネの国立公園では、整備された駐車場によって、自然歩道から車を完全にしめ出し分離していることなど自然保全にも意が用いられている。

以上の点は、旧西ドイツ（現ドイツ）、イタリア、スイス、フランス、イギリスなどヨーロッパ主要各国の首都のみならず地方都市を訪れた場合にも同様であった。ヨーロッパの地方都市を訪れて気がつくことの一つに文化施設の充実がある。イタリアの首都ローマの街路を彩る噴水や歴史的な彫刻の数々はすでに日本人にもよく知られているところである。たとえばイタリアの革新自由都市ボローニアを例にみよう。この都市は中世以来のヨーロッパ最古の大学を有し、文化都市の面影も濃い町である。城塞内の中央広場には古い市庁舎がそそり立ち、現在も迎賓館など市庁舎の一部として使用されている。広場は市民・学生の自由な文化活動ー野外音楽会などーにも開放されている。美術館や図書館などを中心とした新文化殿堂は、街の少し郊外の緑多い地区に建設されていたのである。

立派な市立の図書館は、ギルドの商館の残った湖畔の都市チューリヒ（スイス）でも見られた。ヨーロッパを訪れる人はだれしも気づくことだが、大部分の地方都市にさえ、公園と市民・老人の憩える広場、図書館や文書館などが必ずといってよい程あり、特に歴史史料・行政資料の保存にも深い配慮がなされていることであった。

「地方の時代」と言われてきたが、これはまた「地方文化」の時代でもある。わが国の地方都市の文化施設は今後どうあればよいのか。この整備に各自治体がどのように取り組むべきかが問われねばならない。都市の「美観」形成や町並み保存については、瀬戸内の諸都市でも、たとえば倉敷市の街並み、高梁市の城下町、尾道市の坂のある景観、岡山市の西川緑道公園付近をはじめ、その保存・修景への一定の〝成果〟も認められて心強い。しかし、公園と広場、図書館や文書館など都市の基本的な文化施設の整備とその内容充実に向けての市民による都市づくりは、岡山市などのわが国の地方都市ではなお今後への課題と言わねばならないのである。

欧米に見る文化の地方分散化

二十世紀末の今日、ヨーロッパ先進国の工業の衰退、失業率の増大と都市における低所得階層の並存、二十一世紀に向けたサービス産業化が言われる中で、ヨーロッパはどの都市も伝統的に築き上げてきた歴史文化を土台に、観光資源の開発、都心の復興と再生、文化の国際交流などに力を入れつつあることは先にも述べた通りである。

私は、一九八五年の夏から秋にかけて約二カ月、文部省在外研究員として欧米四カ国を旅して帰ったが、この旅行では、とくに私の専門分野にかかわって州や都市の行財政について大学と研究機関を訪れ、教授たちと会い資料を集めてまわった。特に感心させられたことは、例えばイギリスでは、農村の田園風景や海岸線が美しい中北部のヨークシャー、エジンバラ、リーズ、シェフィールド、マンチェスター、バーミンガム－その中には十八世紀イギリス産業革命期に〝世界の工場〟として栄えた街もある－などの地方都市に、すぐれた大学や研究所などがいくつもあり、文化の地方分散化が進んでいることである。とりわけ都市機能の一環に大きく位置づけられているものに図書館の役割があった。第一に、ヨーロッパでは、ほぼどの都市にも市庁舎や教会の建物などの近くに立派な図書館を具備している。公共図書館－その多くは市立ないしは州立－は、その街の歴史と文化のシンボルである。古くて美しいステンドグラスや天井、玄関や回廊を飾る彫刻など図書館そのものが街の芸術と文化の重要な一要素をなしている。街の図書館、古文書館、人形博物館などに行けば、その街の歴史と現状が一目で分かる。イギリスではヨークシャーの資料はリーズ図書館へ、というふうに、豊富な地域の産業、文化、自治の資料に行き当たる。

第二に、州立、私立、大学図書館などにおける情報化の著しい進展である。情報化は特にアメリカ合衆国の各州の市立、州立、大学図書館などで進んでおり、全米の図書が一目で分かるシステムを備えたところもあった。

加えて、第三に、多数の男女のライブラリアン（わが国の司書に相当）がいたが、彼・彼女らは外国人に温かく親切で、とくに地域資料に関する見識者として尊重され、社会的地位も高いとのことである。

そうして、最後に、図書館・研究所、センターなどを通じた文化の国際交流の問題がある。今日、大戦後ほぼ二十～三十年でいっきょに経済の高度成長と工業化をなしとげた日本への欧米からの関心はきわめて高く、例えば、ドイツ・ミュンヘンのバイエルン州立図書館・古文書館などには、日本の江戸時代からの多数の本が集められており、最近の歴史書、雑誌もほぼそろっていた。この点はケルン、デュッセルドルフでもほぼ同様であった。

カナダのモントリオール大、トロント大をはじめ、アメリカ合衆国では、ハーバード、コロンビア、エール、プリンストン、コーネル、シカゴ、スタンフォード、カリフォルニアなどの各大学に東アジア研究所を設け日本語の文献資料を集め、それぞれが日本研究を進めている。筆者の訪れたカリフォルニア大学のバークレー校の東アジア研究所には、中国と日本各二十万冊の文献があり、岡山、香川の地域資料、雑誌まで丹念に収集していることに目を見張った。

十月下旬、帰国直前、カリフォルニア州の岡山市と姉妹都市縁組みをしているサンノゼ市を訪れ、市長に面会し、市議会でプレゼンテーション（あいさつ）をした。プラム畑の跡地にシリコン工場を立地した人口八十万を超えるこの新しい都市にはミニ後楽園があり、岡山生まれの女性の経営するレストラン〝岡山〟もある通り、岡山市との民間交流も進んでいる。この市の図書館を訪れる機会はなかったが、岡山地域の書籍・文化・情報は正確にこの都市に伝えられているのだろうか。〝瀬戸大橋時代〟に来訪するはずの多数の外国人を温かく受け入れられる地域の文化・観光施設と人材の整備は、いま着実に進められているのであろうか。

二カ月の旅を終えて、地域文化の国際交流の奥行きの深さ、その幅広い地平を改めて考えさせられたのである。

ポーランドを旅して

ワルシャワの街

一九七九年九月一日正午、ポーランドのワルシャワ中央郵便局にいた私は、突然のけたたましいサイレンに驚かされた。一分間つづくサイレンを合図に、市内の交通機関はいっせいに止まり、郵便局の職員も居合わせた人々も一斉に立ち上がって黙祷をささげた。

この日は、ドイツ軍がポーランドに侵攻した四十周年の記念の日である。この夜平和を祈念して、首都ワルシャワの美しいオールドタウン（旧市街）の王城前の広場で、ポーランド音楽界のベスト・メンバーによるヴェルディのレクイエムが演奏され、私たちは、偶然にも、この野外で演奏される歴史的な記念大演奏会を聴く機会に恵まれたのである。

ポーランドは、第二次大戦末に社会主義化した東欧社会主義国の一つである。しかし、わが国では一般の人には「森へ行きましょう。娘さん……」の民謡ぐらいでしか知られていない。いま、社会主義国の現実はどうなのか。そのことを知る上でも興味深い今回の訪問であった。私は、八月十九日大阪空港を発ってデンマークのコペンハーゲンに一泊、ここからスカンジナビヤ航空でワルシャワに飛び、八月二十一日の午後同空港に到着した。空港には、今回私たちを直接招待し、また日本とポーランドの科学者の交流の母体となってくれたＫＫＩＯＳ（ワルシャワ大学その他の若年研究者や学者によるポーランド環境保全委員会）やＳＺＳＰ（ポーランド全国学生連盟）の代表メンバーが車で温かく出迎えてくれた。

今回の私のポーランド訪問目的は、日本とポーランドの環境調査交流における日本代表団の一員としてこの国から招待を受けたことにある。両国の環境調査交流（都留重人元一橋大学学長が代表者となっている）は三度目であり、今回は公害研究の専門家である宮本憲一大阪市立大学教授（当時）を団長に、専門分野も衛生工学、農業経済学、小児医学、財政学など学際的な五人の編成チームで、七九年夏の八月二十一日から九月二日までの約二週間同国を訪問したのである。空港から一直線の計画道路を市内のホテルに向かう。街路樹の緑が目に映えて美しく、郊外には近代的な住宅団地も並び都市建設の姿が分かる。時差の疲れも覚えたが、この国の土をはじめて踏んだ感動はまたひとしおであった。その日の夕方は、ＫＫＩＯＳの本部事務所を訪れ、あいさつと調査のスケジュールを打ち合わせただけで夕食をご馳走になる。バルシチ（ボルシチに似たスープ）、ジュブルフカ（バイソンの食べる野草が入ったウォッカ、草の葉のにおいがする）、じゃがいも、食後のアイスクリームなどがおいしかった。

私たちは、二週間の日程で首都ワルシャワ市に最初と最後の五日間滞在し、北部バルト海沿岸の歴史的な旧ハンザ自由都市として知られるグダンスク、バルト海西岸のコシャリンの学生たちのサマー・キャンプ、南部シュレジヤ地方の石炭と民芸品などの街カトヴィツェ、歴史的な古都で十三世紀に創立された古い大学として知られる―ボローニヤに次ぐ世界第二の古い大学でコペルニクスなどを生み出した大学―を有するクラクフ市、森と湖の国立公園のあるザコパネ、第二次大戦中のナチのユダヤ人強制収容所のあったオシフェンチム（アウシュヴィッツ）などの諸都市を訪れた。日本の大学の学際的な編成チームの代表団であったせいもあって、各地の研究・行政機関の人たちはきわめて友好的で、私たちは、環境行政の最高責任者であるオホッキー行政・地方経済環境省次官、科学アカデミーの「人間と環境」委員会のミハイロフ委員長との会談をはじめ、地方行政機関の長（県知事）、国立環境総合研究所、水問題研究所、ワルシャワ大学の生態学、経済学関係の教授や助手、グダンスク大学の貿易学部の教授などに会い、また工業地帯や山間部の診療所など医療施設も見学することができたのである。

ポーランドは、人口約三、五〇〇万人（一九七七年）、面積三一万二五七七平方キロとがいして日本より小規模の国である。その国名が「野の国」を意味している通り農業国で、農地が六一パーセント、森林二七・七パーセント、その他一一・三パーセントと文字通り「森と湖」に囲まれた国である。

八月下旬のポーランドは、日本よりやや涼しい感じであった。人々は朝六時頃から勤務に出て夕方三〜四時頃に仕事を終え、都市の広場で買い物や散歩を楽しんでいた。ローマ・カソリックの国で、市内の至るところに教会が林立し、礼拝する人も多く、社会主義国にも〝信教の自由〟が生きていることを感じさせられ興味深かった。

都市の修復事業

ポーランドの環境政策で最も印象的だったのは、都市の修復事業と歴史街区・文化財の保存のあり方である。この点は一九七九年十二月七日の『山陽新聞』の「都市のデザイン」

欄（本書二十七ページに収録）でも紹介したので繰り返さないが、彼らが、自らの文化や歴史的伝統を根底から大切にする思想を身につけていることを学びたいと思った。

この点は、グダンスクでもクラクフでも同様であった。今回の私たちの招待の労をとっ

ショパンの生家で　ピアノ演奏に聴き入る人たち
（ワルシャワ）

クラクフ市の建物の修復

てくれたドブロフスキー博士はクラクフ市の出身で研究所の水産学の教授をつとめる人である。この人の祖父は大学の学長をつとめられ、祖母はオーストリア皇帝の血縁に当たる人という。その家庭に招待された私たちはポーランド料理と歓待のライス（これはまずかったが）をご馳走になった。お父上は英文学者で大の親日家であった由。その二年前亡くなられていたのは実に残念だった。この若いドブロフスキー氏が〝わが街〟と自慢する通りクラクフの旧城塞内の都市修復は歴史的な大事業である。

一九七七年頃より着手され、オールドタウンの建造物を全部のこし、紀元二〇〇〇年までに大部分の建物三五〇〇件の内部のみを市民が快適に住めるように近代化するという気の遠くなるような計画なのである。一種の「ボローニヤ方式」で、この財源は、ポーランドの外国人観光政策もかねていることもあって、主要な財源は国からと、自治体及び有志市民からの献金によっていた。市民運動もあり、ポーランド学生運動連合は夏休みをつぶし設計改造に無償労働をしているのに心打たれた。また、美術館や図書館も完備し、特に公立の美術館にはわが国江戸時代の北斎や歌麿の浮世絵のコレクションが何百点も保存されて―一九八〇年にこの展覧会が日本で催された―おり、さすが東欧の〝京都〟と言われるだけの歴史的な文化都市と驚嘆せざるを得なかった。その文化財や歴史街区の保存のあり方に、今後の日本やわが岡山県下の都市づくりの方向を考えさせられた。

ポーランドの農業と自然保護の活動

ポーランドの農業は、社会主義国にもかかわらずその耕地の六割が五ヘクタール以下の「小農」で生産物の八割近くが個々の農家によるものである。農村には四階建ての農家もあり、馬を農耕に使い、鶏や豚を飼い、近年都市化が激しく都市の食糧不足もあっていわゆる〝産直方式〟など農民の生産意欲の増進策がはかられていた。じゃがいも（世界第三位）とてんさい糖、ライ麦、小麦などの生産が多い。しかし、共同化の工夫も色々されていた。もちろん一〇〇〇ヘクタール以上の国営農場もあった。

工業化のため七〇年代前半は年率八～九パーセントといわれる急成長で、石油の街カトヴィツェなどの国営工場のばい煙規制は十分でなく、古い施設をスクラップ・アンド・ビルドしなければ大気の汚染問題は解決しないとさえ言われていた。しかし、環境行政には一方で意が用いられ、ＰＰＰ（汚染者負担の原則）にもとづく企業参加による公害補償のための保険制度もつくられていた。開発計画の調整は四九の県段階の審議会を中心に行われていた。私たちは科学アカデミーでも講演し意見交換したが、科学者たちはバルト海の汚染問題とかかわって、瀬戸内の赤潮問題にも強い関心を示していた※。

学生たちは、国から支援を受けて様々な自主的活動をしている。海や森の自然保護に取り組み、岡山の吉備高原のような高原の丘陵地では学生のための診療所も経営している。若いエネルギーの発散のためにディスコでのジャズパーティも週一回程度開かれ、私も試しに参加してみたが、比較的健全な娯楽であった。農民とくに学生に国が厚い保護政策をとっているようである。また、都市の公共交通における車道と歩道の完全な分離、国立公園の森林への車の完全な規制、農村の道路にも街路樹が多いことなど印象に残った。しかし、コーヒーを粉末のままで器に入れて飲ませるとか、ホテルののろいエレベーターやバス・トイレの排水の悪さなど国民性もあるだろうが、消費生活の高度化はなおこれからという感じであった。所得の格差もなお残り、便所でチップを要求するおばあさんもいた。外貨不足も手伝ってズロチ（ポーランド通貨）とドルとの交換の〝ヤミ市〟もみられた。

※ポーランドの環境調査は、東欧の社会主義国において環境問題への対策がどのように取られているか、そのさい地方自治体はどのような役割を果たすか、住民運動はどうかなどを知る上できわめて興味があった。宮本憲一教授が指摘される通り、当時国営工場の煤煙対策は決して十分ではなかったが、その後かなり改善された。ただ、当時からボイボドシップ（県）が環境対策に大きな役割を果たしていた。その後、ポーランドの環境調査団の一行が倉敷市水島地区を訪れ交流したが、日本のテレメーター技術には大きな関心を持って帰国した。

アウシュヴィッツを訪れる

アウシュヴィッツのユダヤ人収容所跡

北国のせいなのか、至るところで若く美しい女性にめぐり会えた。タクシーを雇って、アウシュビッツの街を訪れナチによるユダヤ人の収容施設の生々しい現場を見学し、言い知れぬ感慨に襲われた。二八カ国、四〇〇万人のユダヤ人の生命の犠牲に合掌し、平和の大切さを改めて心にかみしめた。

九月二日、ワルシャワの最後の日曜日の午前中には郊外のショパンの生家の緑の多い庭でポーランドの生んだ偉大な作曲家のピアノ曲の野外演奏のひとときを楽しむことができた。この国は、こういった音楽的環境づくりにも熱心だ。これも国民性によるものだろうか。

この日の午後、私たちは、空港に花束を持

って見送りに来てくれたワルシャワ大学経済学部のココチンスキー夫妻や若い人たちとDo widzenia（さようなら）の握手をかわした。私は、ポーランドの環境政策にこの国の当面する問題のありかを知り、またその先見性に多くのものを学び、ショパンの音楽に心温まる思い出を残して、この国を後にし次の訪問国へと旅立ったのである。

(二) 地方都市の再生

岡山のまちづくりを考える

一九八七年七月下旬、坂出市で開かれた瀬戸大橋架橋問題のシンポジウムに、地中海沿岸のイタリアからデ・ローザ、モンタナーリの二人の著名な学者が参加し、岡山など地元の学者との意見交換が行われた。岡山県庁でのヒアリングの後、私はせっかくの機会なので短時間ではあったが、この人たちを後楽園のほかに岡山市の西川緑道公園にも案内し、まちづくりの専門家としての感想を聞いてみた。「都市をこのような形で再生していくことは素晴らしい」「だが、いま少し伝統的建造物や広場があってもいいのではないか」などと感想をもらされたのである。

近年のイタリア経済の回復は目を見張るものがある。これは、同国のハイテク産業への転換とあわせ、都市の職人層と個性的な手工業の繁栄の結果とも言われている。イタリアの環境保護の中身で注目されるのは、自然保護とあわせ、とくに都市の歴史的建造物や景観の保存・修復があり、最近、伝統的建造物の解体は公共・民間を含め完全に法律（ガラッソ法）で禁じられているとのことである。

このようにして、水の都・ベネチア、古い大学のある町ボローニャ、フィレンツェなど、どの都市にも都心に古い街並み（歴史街区）と魅力的な文化ゾーンや広場、自然公園ができ、市民の生活のいこいの場となるとともに、世界各地から観光客が訪れるのである。もっとも、このようなイタリア経済の回復にもかかわらず財政の赤字は、なお厳しいことも事実のようであるが……。

架橋、新空港開港といった交通条件の変化の中で、わが県都岡山市の新時代へのまちづくりをどのように展望すべきか。架橋後の都市計画の中では、特に域内道路、公共交通機関の整備が一層重要となるだろう。私はこれとあわせ、まず都心における伝統的な街並みと環境保全による魅力あるまちづくりの形成の必要を提案しておきたいと思う。この点で

岡山市西川緑道公園

は、わが国でも既に金沢や松江、倉敷など先進的事例がいくつかある。

岡山市は旧岡山藩の城下町であるが、戦災で消失し、行政や市民の中にも、今更残すべきものはないという声もあって、これまで伝統的環境保存は軽視されてきた。しかし、旭川沿いの岡山城周辺にはなおいくらか古い屋敷の雰囲気を残す建物があり、旧津山往来周辺の残された街並み、旧城下町の各所にも往時の商業と文化の繁栄の名残が見受けられる。

近代以降でも、例えば、歴史的に由緒ある禁酒会館、旧日銀岡山支店跡などを保存し、再生してもらいたい建物が数多くある。また、一歩旧岡山市郊外に出れば、吉備津神社、旧足守町、曹源寺、西大寺地区など歴史的建造物の宝庫を抱え、外国人観光客からも注目されている。

いま、県都・岡山にも天神山を背景とした文化的シンボルゾーン形成と街並み整備の構想が進められている。県総合文化センターの改組・拡充による新県立図書館の敷地も決まり、喜ばしいことである。旭川沿いの古い街並みや歴史景観の中に、美術館・博物館とあわせ、図書館・古文書館なども配置し、市民の生涯学習、集会交流のひろばとしていくことが大切であろう。

大正期の岡山のシンボル
禁酒会館の建物

旧日銀跡の保存と活用

旧日銀岡山支店跡の建物については、保存のあり方が市民の間で論議されはじめているが、（私の考えでは）、修復・再生して、岡山のゲストハウス（外国人客の接待を含む迎賓館のようなもの）にするか、岡山の産業博物館等―あるいは両者の機能をかねたもの―にしてはと思っているがどうであろうか。かつて、イギリスの中部ヨーク市を訪れたとき、十六、十七世紀の重商主義時代に使用していた海賊（カリブ）の館が商工会議所のゲストハウス等に活用されていたことを思い起こしたからである。

旧日本銀行岡山支店の建物

ビル化により荒廃していく都心をいかに市民の新しい生活空間として創造再生し、アメニティと風格のあるまちづくりを各地区町民の参加によって進めていけるかが、都市間競争と連携の時代の県都のまちづくりの最大の課題ではないだろうか。

影はうすいが資源は豊富

今日、地方の時代、地域間競争と連携の時代と言われているが、岡山市を中心として地方都市の〝まちづくり〟について、日頃私の抱いている感想などを記しておきたい。

かつて、一九九三年の十一月に、岡山市の東急ホテルを会場に、山陽新聞社主催の「九〇年代の岡山を考える」シンポジウムが行われたことがある。丁度時間の余裕ができたので、私の大学の大学院生で社会人特別コースに在籍し、地方都市の交通・アメニティなどを研究している市川重明氏と一緒に、聴衆の一人として参加してみた。

電通総研の日根野眞弓氏をコーディネーターに、依田和夫氏（元建設省都市局勤務）が基調講演、講師を含む四人のパネラーがそれぞれ発言してすすめられた。

当時の岡山県副知事の香山充弘氏は、岡山の魅力については、①岡山にいる人々に魅力があるまちか、②岡山以外の人に魅力があるまちか（岡山に来れば出会えるものがある）、③海外から来た人に魅力があるまちか（日本に来て出会えるものがある）、などを考えておく必要があることから小博物館の整備などいくつかの提案を述べられた。岡山未来デザイン委員会の岡將男氏は、京橋周辺の歴史的再生の必要性や市内の交通問題への対応などを指摘され、ＪＲ山陽線の新駅をふやすなどＪＲを有効に使うことを提案されていたのが、私の印象に残った。

岡山のまちづくりについては、まず当日のパネリストの何人かからも意見が出されたが、岡山の影がうすい、岡山のＣＩ（コーポレート・アイデンティティ＝個性やイメージのことを指す）が弱い、などの点がこれまでも何回か指摘されてきているが、要はこれをいかに実行に移して改善できるかであろう。確かに、岡山の顔では、後楽園、烏城公園、桃太郎通り、食べ物（ままかり、祭ずしほか）、シンフォニーホール、マスカットスタジアムなどいくつかあげられるが、姫路城、倉敷の美観地区や大原美術館などに比べるといずれも今のままでは訴えるものが少ないことは否めない。資源と素材は岡山には多いことは事実なのだが、豊富な資源が本当に活性化に向けて生かされているのか、この点を先ず考えておく必要があるだろう。

もっと史蹟を活かそう

一九九三年の岡山県企画部によるイメージ調査では、岡山のイメージとして、歴史がある三〇・〇%、静か二五・四%、あまりイメージがない二五・三%など、静かとあまりイメージがないを合わせると五割を上まわっていることが特徴的である。しかし、歴史があるとの印象を持っている人が三割と意外に多いことも注目される。

一方、岡山市のCI検討チームによる市民五千人を対象とした市民意識調査で見ると、「岡山市について他県の人に説明する言葉」として、後楽園をあげる人七一・九%、瀬戸大橋五七・一%、白桃三五・八%、つづいてマスカット一八・八%、桃太郎、水が豊か…などとなっている。

岡山のイメージとして、桃、マスカットなどの果物、魚、祭ずし、など果物や食べ物をあげる人はこれまでも多く、私もそのことについて大きな異議はない。地域のアイデンティティ（個性）をその地域にしかない自然や産物に求めることは、当然のことと思われるからである。ただ、岡山のイメージを「晴れの国」とするのはあまり感心しない。瀬戸内沿岸一帯をはじめ、日本各地に晴れの多い気候があるからだ。私は町づくりや地域のＣＩの重要な要素の一つにその町の歴史－市民がながい間そこで生活し歩んできた－があり、歴史を大切にした街づくりをまず訴えたいと思う。

岡山県地域の歴史と言うと、古代吉備の国、瀬戸内をめぐる朝鮮半島・中国大陸との交流などが思い浮ぶ。岡山市や倉敷市などを考えると、やはり近世以降が中心となる。岡山市を例にとると、慶長二年宇喜田秀家によって旭川下流に築かれた岡山城を核とする岡山藩、そのもとでの城下町の形成。それと今一つ岡山藩主・池田綱政が津田永忠に造らせた後楽園である。ところが、この二つとその周辺のいくつかの歴史的な資源は、岡山のイメージづくりと観光に生かされてはいない。岡山城が信長による幻の名城・安土城に似せてつくられたこと、三層六重の天守閣、三五棟の櫓、城内三一棟などは本当に再生されてはいず、戦後再建された現在の城は大変簡単な姿にとどまっている。後楽園が操山の自然や二重の塔を借景に築造されていることなど、名園と言われる数々のいわれは、十分語られていないのではないか。

城周辺の家老の屋敷跡などをもっと再生していくこと、月見橋周辺の橋の景観などを整備していくことも必要だろうし、周辺の東湖園の古庭（藩主池田忠雄の下屋敷）、禅宗の古寺曹源寺（庭がよく裏山に池田家の墓地がある）、時間があれば足守地区、さらには藩校の跡を完全に残している閑谷学校へと足を運ぶ歴史観光コースを再現していくことだと思う（※私のこの提言は、最近実現を見ていることを付記しておこう）。

限界に近づく都市交通

地方都市岡山のまちづくりについて今ひとつ重要な問題は、何よりも都市交通への対応であろう。県南の岡山市や倉敷市がマイ・カー依存の都市となり、公共交通機関の発達の遅れが見られることは周知のところである。

特に岡山市は旧城下町から出発し、県庁所在都市・岡山県南新産業都市の後背地として現在人口六十二万人の大都市となった。旧西大寺市をはじめ周辺の市町村を合併したからでもあるが、瀬戸大橋開通など交通の結節点として現在も都市化が進み、人口は少しずつ増え、膨張を続けていることも事実である。

駅前地区などのビル建設が進み、都心が駅周辺部と表町・県庁・田町・中央町というふうに二眼レフ（ないしは三眼レフ）となっている。都心の居住人口（夜間人口）が減少し、旧名門小中学校の生徒児童数の減少傾向が進んでいる。いわゆる都心の空洞化現象である。一方、都市周辺部の都市化・郊外化が進み、人口のドーナツ化とスプロール化（都市開発の虫食い化）現象も見られはじめている。

朝夕のラッシュ時を中心に車の渋滞の激しい岡山市の交通問題をどうしていくかであるが、すでに岡山市も二〇〇〇年を目標とした『交通基本計画（計画編）』を出すなどして、計画検討を進めているところである。

岡山市の交通対策について私の考えている点をいくつか述べておこう。

第一に朝夕のラッシュ時における混雑の原因が都心部一点集中型の交通のあり方にあることは事実なのだが、旭川に架かる橋を中心に車の著しい混雑が見られることだ。河川に架かる都心部の橋が岡山市には大変少ないことが原因で、例えば計画予定の外環状線の竹田－升田線の旭川をまたぐ大橋を、水辺景観をふまえ早急に建設していくことが望まれるのである。

第二に、都市周辺部の住宅地化・ドーナツ化の対応としては、

① 岡山駅に入るJR各支線などの既存鉄道の電化・高規格化と都市交通機関としての

フルな活用策（津山線、吉備線、宇野線、赤穂線、伯備線など）が望まれる。山陽線の庭瀬―岡山間に吉備新駅を建設することも必要ではないか。

② 現在計画案のあるガイドウェイバスは不充分で、千葉や横浜、広島に見られるような新交通システムを長期計画のもとで段階的に具体化していくことが必要と思われる。

その場合、岡大・理科大・山陽町二団地、岡山商大、新空港、吉備高原都市（リサーチ・パーク）、県立大学、中国短大、川崎医大、岡山港、旧飛行場など昼間・夜間人口の集積がみられる拠点を新しい公共交通システムで結ぶ発想が必要と思われるのだが―。あわせて、山陽線と新設の井原線との連携策はどうしても必要と思われる。

第三に、最近の都心への新しい環状市街電車構想などはロマンがあり面白い提案と思われる。ただ、誰が資金計画を担当するかだろう。それにしても、現在の民間による市街電車が、都市交通機関としてよく経営問題に耐え、これまで果たしてきた公共的役割の大きさには感心させられる。

最後に、六〇万都市岡山市には交通企画局（または計画局）などを置くべきではないかと考えている。

都心を憩いと買い物の場に

いま、地方都市も空洞化が言われ、都心の再開発のあり方が重要となっており、岡山市をはじめ岡山商工会議所などで取り組まれている。この問題への対応として、私は、三つの点を述べておきたい。

第一に、瀬戸大橋架橋十年後、地方都市の個性あるまちづくりが要請されているが、岡山市も岡山城や旭川周辺の歴史的資源・史蹟ほかをフルに生かしたまちづくり－オールドタウンの形成－が必要なこと。

第二に、高速交通体系のもとで、県内一時間圏の形成のための道路・鉄道整備、瀬戸大橋をはさむ岡山・倉敷、高松・坂出・丸亀等を中心とした約一時間の広域都市圏の形成化が必要なこと。特に後者については、地方都市の都市高速輸送機関（JR支線、新交通システムほか）の整備が市民参加を含め官と民の協力のもとで中長期的に強く要請されていることであろう。

そうして、第三に、個性的かつ市民のためのまちづくりへの方向として、今一つ、中核都市岡山市の都心地域をゆとりと生活・買い物と文化・レジャー（遊び）の場として再生

トランジット・モールの賑わい
（フランス・グルノーブル　服部重敬氏撮影）

していく課題がある。岡山市も東京や大阪など大都市と同様に都心の業務地区化、商店街化（表町・駅前）、高層ビル化などによって夜間人口の著しい減少を招いている。近年のモータリゼーションと都心部の自動車の通過交通化がこれに拍車をかけている。

都心をどのように市民の生活と文化、内外の訪問客の買物・学習・遊びの場として再生していくかである。この点では九四年十一月二六日の西川アイプラザでの岡山市主催の「夢　未来21おかやま」の都市づくりシンポジウムでの提案が示唆的であった。私の印象に残ったパネリストからの発言の一部を紹介しておくと、西暦二〇〇〇年に後楽園創設三〇〇年の記念を迎えるが、それまでにお城・旭川周辺を整備し、桃太郎通りさらには西川周辺の歩行者専用道路化を実現し、周辺を桃太郎の彫刻や樹木・花で飾る。岡山藩の旧城下町・閑谷・吉備の国を含め、教育・文化・

歴史豊かな岡山の生涯学習の場としてのまちづくりを進める。世界の森をつくり、岡山操車場跡地の公園構想の中には岡山市民の夢を入れる（ソフト面の重視）。女性や障害者にやさしいまちづくりを進める…などの提案があった。

私の考えでは、これらの提案の中で、まず何よりも、都心に歴史街区を形成し外国人を含む観光客の誘致を図ること。そうして、また、都心地区に市民の広場やモールをできるだけつくり、市民や観光客が買い物を楽しむことができるようにすることだと思う。岡山駅前地下街も、瀬戸大橋開通後、四国側からの買い物客を集めることなどで部分的には成功していると思われるが、まださまざまの課題が山積みである。①大型店のラッシュの中で、一面では、金沢市の「近江市場町」に見られるような水産物、乾物などを中心とした大衆的なマーケット（例えば表町周辺通りに海産物販売などを中心とした庶民・観光客向けの裏通りなどをつくる）を形成する。②現在の京橋朝市(日曜日)を日常化していく、③百貨店近くのバス停を市民の買い物と憩い・イベントの広場にしていく、ことなどを通じ、まず都心を観光客・市民の集まるアメニティのある場所に変えていくという岡山市の長期的なビジョンと連動してこそ、この提言の趣旨が生かされてくるのではなかろうか。

情報化と福祉都市

二十一世紀の社会は高度情報化社会、マルチ・メディア時代と言われる中で、この時代に向けての社会資本投資のあり方、高度情報化社会における岡山らしさとは何かが問われる時代を迎えている。「情報化社会」という言葉が言われながら、「情報」を核とした都市づくりとは何かとなると、案外共通したコンセプトが見られないのが現実なのである。高度情報化社会と言われる場合、ハード面とソフト面の両面で考えていく必要があるだろう。

まずハード面では、いわゆる情報インフラストラクチャーの整備である。情報基盤の根幹をなすものの一つに、情報ハイウェー時代の電線共同溝（通称C・Cボックス）整備事業があげられる。アメリカではゴア副大統領の提案で知られているが、確かにアメリカと日本では、情報インフラの整備では十年位の格差があることも事実である。このプロジェクトのための大きな財源も必要である。私の最近のアメリカ旅行の経験から見ても、アメリカでは、会社や官庁の各オフィス内、オフィス間のコンピューターによる情報伝達、文書のコンピューター処理などが進んでいること、またCATVやビデオを活用した地域医療や在宅福祉、ホーム・ショッピング、電子新聞などの面で、日本より数歩は進んでいるようだ（日本の都市のＣＡＴＶは利用者も少なく、参入企業も少なくなりつつあるのが現状である）。

マルチ・メディア時代の都市づくりはどのようにあるべきか。岡山市などで進められている電線の地中への埋設事業は、都市景観上有意義で今後も計画的に継続していくべきだろう。しかし、このために少ない岡山の緑の街路樹を切り倒してしまうのは残念なことである。新たな植樹計画が望まれる。

杜（もり）の都仙台市などと比べても、岡山の都市の緑を保全し拡大していくことは極めて大切な事業なのである。

マルチ・メディア時代の都市づくりとして神戸市が取り組んでいる情報産業などを核とした「ファッションプラザ建設」（六甲アイランド）の構想や広島市の情報都市建設への取り組みが知られている。今後岡山らしい都市づくりに向けて何ができるかである。

私は、その一つとして岡山の地域医療、在宅福祉分野におけるＣＡＴＶやテレビ電話など情報機器がもっと活用できないかと思っている。周知のように金光町でもその試みがすでに見られ注目されているが、とりわけ、ひとりぐらし老人、ホームヘルパーの必要な高齢者がボタン一つで医療施設などと連絡できる地域医療の通信ネットワークが、福祉都市岡山市などでももっと実現できないかということである。二〇〇〇年四月から介護保険も導入されるが、老人保険福祉計画におけるケアマネジメントにおいてマルチ・メディアの活用は、今後重要な課題の一つとなると思われる。まさに、住民参加による分権的行政－ケアマネジメント行政－の真価が問われる時代を迎えているのである。

都市公共交通とオールドタウンの整備

東京一極集中の是正が言われ、地方分権の推進を望む声が高まる中で、今、地方都市の都市政策の充実が何よりも求められている。

五全総の策定に際し、中四国の南北の新しい国土軸や各地方都市・農村の広域的なネットワークのあり方が検討されていると聞くが、瀬戸大橋開通をはじめとして交通のクロス・ポイントに位置するこの地域の地方都市の都市基盤と財政力を充実し、真に住民が定住でき、福祉とアメニティ、文化性の高い人間的なまちづくりを進めていくことが必要である。

これを、岡山県下の基礎的自治体である十市六十八町村を例に見ると、県内人口の五～六割が県南の岡山、倉敷二市に集中し、県内一極（二極）集中型の構造となっている。行政区域の広域化は実現したが、生活基盤型社会資本の整備にはなお課題を残している。町村部では、例えば、瀬戸、山陽、邑久、早島、里庄…など都市近郊型で人口や財政力指数も相対的に高い町もある反面、県中北部過疎市町村との地域格差はなお大きい。

以上の問題点を踏まえ、四つの点を提言したい。

第一は、県内の高速道路網や橋の建設とあわせ、県南都市圏を中心とした公共高速輸送機関の整備を早急にはかる必要がある。今日、地方都市の通勤交通手段の不足は全国的にも共通の課題となっているが岡山・倉敷を中心とした自家用車依存型の通勤交通をいかにして公共交通輸送機関に転換していくかが、目下の都市政策の最大の課題であろう。

第二は、地方都市の産業構造の変革（農業を含む）と若者の雇用の場の確保への総合的な施設が必要である。岡山県南新産業都市を中心とした基礎素材型産業から、いかにして加工組立型・ハイテク型産業—経済不況にも耐え得る—への高度化を図り、県下各都市の土地空間をさらに活用し（いわゆる一インター一団地）、地場中堅企業を中心に計画的な産業配置を図るかであろう。

なお近年商業およびサービス産業が都市の活性化と雇用効果、若者の定着化に果たす役割の大きさに改めて注目されている。

第三に、各都市の自然的景観、歴史的景観を大切にし、特に歴史的建造物や古い町並みを保存・再生していく市民の努力が必要である。地方都市にも、旧街道や寺町（例えば津

後楽園より岡山城をのぞむ

山市）、神社、銀行、港町の古い倉庫群、運河、堀割、ため池の風景などが残っているケースも多く、倉敷美観地区形成の先進例に学びつつ、これらを保存・修復し、オールドタウンの形成を図ることである。

近年、全国各地で古い城（中世の山城を含む）を修復再生し、町おこしに活用していく例が増えている。安土城を模し外観五層内部六階の望楼型天守を有するわが岡山城の築城四〇〇年（一九九七年）、後楽園築庭三〇〇年（二〇〇〇年）を記念し、新たな修復・再生の事業も行われたが、単なるイベント主義に終わらず、歴史資料館ないしは公文書館等の早急な建設により歴史資料の保存と公開を図って行くことを期待したい。また、旭川河畔を中心とした水辺の整備を行い、西川緑道公園と連携した都心のオールドタウン（歴史街区や文化ゾーン）の形成化を期待したい。

第四に、広域化した都市行政の内部では、支所の統合再編を含む新しい地域行政（狭域行政）と住民参加行政の確立化が必要である。今日、地方分権の〝受け皿〟としての広域行政が言われているが、広域行政の基礎に住民参加を保障していくコミュニティなどの狭域行政がなくてはならない。自治体職員と住民の自主的な学習と研究の場を保障し、住民の参画を実現していく中で、初めて真の地方分権が可能となるのである。

路面電車の環状化について

岡山市の路面電車を延長・環状化しようという構想を、岡山商工会議所都市委員会（福武総一郎委員長）が提唱していることは周知のところである。この委員会では、「人と緑の都心一㎞スクエア構想―岡山市の都市づくりに関する提言パート二」を発表し、都心再生の提案はその市民運動とあいまって各方面から注目を集めている。また、岡山市の市民団体（通称ＲＡＫＤＡ）なども環境と老人に優しいライト・レイルウェイの導入を提言していることが注目される。

都市の路面電車は、モータリゼーションの発達の中で、全国的には、東京・大阪など大都市をはじめ地方都市でも廃止または縮小してきた。古都京都市の路面電車も、廃止に反対する市民運動の成果も空しく、遂に廃止の運命に遭ったことは周知のところである。

公共による路面電車（都電・市電）の廃止と対照的に、地方都市の岡山市や広島市、松山市などで、それぞれの民間資本の努力によって路面電車を残し、各社が厳しい経営環境の下で努力しこれを守り育ててきたことは注目すべきことであろう。

近年、環境や老人に優しいライト・レイルウェイを、都市における有効な交通手段として再び活用していく事例が、世界のいくつかの都市でみられている。

岡山市では都心の既存の二路線に加えて、JR岡山駅－大供－新京橋西－西大寺町の新線（さらに大元駅への延長線も提案されている）を実現し環状化を図ろうというプランがある。建設費は約三十億円、地下鉄だと一キロ約三百億円もかかるので、かなり格安の建設費ではある。

低床車のライト・レイルウェイ
（ドイツ・ベルリン 服部重敬氏撮影）

各方面で、論議を見、マスコミ各紙誌も取り上げているが、具体化に向けての問題点は、①この建設費に国（建設省）からの補助金はつくときいているが、財政危機の中で岡山県や特に岡山市からの支出（建設費と経常費）はどのようになるのか、②どのような経営主体で行うのか、③営業当事者の岡山電気軌道が建設はできても採算性が難しい（特に岡山市役所から以東の路線）と言っている問題をどのように克服し解決を図るか、などである。④また、マイ・カー依存の地方都市で知られる岡山市の交通混雑がこれ以上進まないような方策も同時に考えておかねばならないだろう。

①の問題のうち建設費の問題は、建設省の補助を得て市当局（並びに県）及び議会がその気にさえなればクリアできる金額ではある。また、②の経営主体は、民間ベースか、公共・民間の混合方式により運営面のみを民間に委託するなどの方式が考えられるだろう。ハード面は公共が提供し、ソフト面（運営面）を中心に市民参加を含む民間ベースで進めることが当面考えられるだろう。

ところで、③のランニングコスト（運営費）と経常収入との関連であるが、先にもふれたが、a沿線に恒常的な庶民のマーケット（例えば表町周辺通りに海産物販売などを中心とした庶民・観光客向けの裏通りなどをつくる）を形成する。b現在の京橋朝市（日曜日）を日常化していく、c百貨店近くのバス停を市民の買い物と憩い・イベントの広場にしていく、d環状電車の各スケアの拠点に商業施設などをかねた住宅再開発ビル等を建設する。以上の点を通じ、まず都心の居住環境を整備し、観光客・市民の集まるアメニティのある場所に変えていくことなど、都心の空洞化に対応した都市計画の長期的なビジョンと連動してこそ、この提言の趣旨が真に生かされてくるのではなかろうか。

岡山のまちづくり再考

一九九六年四月一日、岡山市は中核市に移行した。これは地方分権を進めるため全国一二の政令指定都市に次ぐ行政権限を県から移譲する制度である。岡山市の人口は六一万六〇五六人（一九九五年の国勢調査）と六〇万人を超えており、新潟、金沢、静岡、浜松、堺、姫路、熊本、鹿児島など全国一二の都市がこの時同時に中核市となった。

中核市には、福祉、保健衛生、都市計画、環境保全に関する事務などが県から移譲され、市民生活にとっても行政がより身近なものとなる筈であるが、これを裏づける財源がどうなるか、国の権限をもっと移譲できないのか、そして、これをもとにどのような都市計画・まちづくりを行うかが最大の課題となる。

岡山のまちづくりの方向についていくつかの問題提起を行ったが、これをまとめておくと、

第一に、岡山市のCI（コーポレート・アイデンティティ、都市のシンボルのこと）については、岡山城築城四〇〇年を機に城の修復と城下町周辺の史跡・景観が注目されだし、岡山城を生かしたまちづくりの方向が再認識されてきており、喜ばしいことであるが、これを、さらに、博物館や図書館などハード面の施設の充実にも結びつけたい。

市民のあしの役割を果たす“おかでん”

　第二に、環状市街電車を走らせ採算性を確保するためには、都心の商業地区を活性化し空洞化を克服することが条件となる。そのためには、現在の京橋朝市等を日常化できるような海産物・水産物、繊維などの市場を表町の裏通りか西川周辺につくる。市民のみでなく、観光客も集めている金沢市の近江町市場の事例はその先進的なモデルといえるのではないか。岡山市でもその芽生えはみられはするが―た

とえば岡ビルの各マーケットを中心とした活性化への動きが注目できる—なおこのような芽を市民みんなで育ててゆかねばならない。

第三に、岡山空港と吉備高原都市、周辺各大学、郊外の住宅団地等を連絡する高速鉄道（踏切のないモノレールか高速電車がよい）が将来的にどうしても必要である。倉敷の水島臨海鉄道が都市交通機関として再生に成功したように、まずJR津山線の高速化（この快速化は実現した）、吉備線と井原線との連携（井原線の倉敷・岡山乗り入れ）による都市公共交通機関としての機能強化が必要であろう。また、JR山陽線などに吉備新駅（仮称）など新駅を設置し、各駅周辺のモール化したまちづくりなどを進めるべきもの—最近の中庄駅の学園駅前化はその一例—と思われる。

阪神大震災に思う

阪神大震災の教訓

一九九五年一月十七日早朝、淡路島を震源地として起きた「兵庫県南部地震（阪神淡路大震災)」は、直下型地震の都市に与える影響の大きさを改めて示した。死者・行方不明者を含め、六千人以上、関東大震災に次ぐ戦後最大の地震となった。

神戸市や西宮市を中心とした地震の被害の傷跡は、毎日、テレビや新聞で報道された通り、予想外に大きく深かったが、神戸－特に港に近い東灘区や長田区の被害がひどかった－を中心とした都市災害は、その「開発行政」のあり方、株式会社とも言われた都市経営のあり方にも大きな原因があり、自然災害よりも「人災」に近いのではないかということも言われている。

六甲山の山を削ってその土をベルトコンベアで運び－ダンプカーで運ばない－新神戸駅と結び、港やポートアイランド(人工島)を埋め立てる。〝神戸方式〟と呼ばれたこの方式は、一石三鳥とも言われ、赤字財政に悩む自治体にとっては学ぶべきモデルの一つとされ、私も大学の講義などで、必ず一度はふれた程である。

しかし、エキゾチックなハーバーランドや海上の神戸沖空港、華やかな都市のイベントの影の部分には、山麓の新興住宅地の地すべり、多数の都市の老朽木造家屋の共存－今回の家屋倒壊と火災の最大の原因となった－が見られる。特に西部の長田地区は新興住宅地、下町の木造家屋、ゴム工場などが密集し－丸山地区の町づくりの住民運動でも知られているが－家屋の倒壊、火災の被害を大きくしている。

衛星放送などを通じテレビなどを見ていた外国人からも指摘されたことだが、第一に、初期消火の遅れ、特に地震などのさいの火災発生時に必要な貯水池や貯水漕が首都東京—大正十二年の大震災以来備えをかなり十分にしていた—に比べ何分の一ときわめて少なかったこと、第二に、高速道路の耐震設計の誤算、第三に、古い木造住宅の一階に寝ていた人の倒壊による被害が大きく、六十歳代以上の高齢者の五〇%以上の方（共同通信調べ）や下宿生や寮生・留学生などの犠牲者が多かったことなどがあげられる。

一九九八年には、台風十号による県北津山市の予想以上の被害もあったが、災害に強い街づくり、都市災害への平素からの準備が必要である。

都市災害とＮＧＯの役割

この地震災害で最も注目された点では、各府県の行政や民間の各種団体が自主的な支援活動を行ってきたことであろう。岡山県に本部を置く医師などで組織するアムダ（ＡＭＤＡ）などの活動もその一例であり、岡山県内の各自治体も支援活動に協力した。

今回の震災では、特に各種のボランティア団体など民間非営利団体の役割が注目された。また、町内会活動や住民運動など平素からの市民の活動が活発なところほど救済への対応も早かったことが指摘されている。災害をめぐる財政問題も論議されているが、何よりも、当面まずは、都市計画・まちづくりにどのように各地区住民の合意が形成されるかであろう。阪神大震災は地域行政や住民運動のあり方にも多くの教訓を残したのである。

福祉のまちづくりをめざして

高齢者にやさしいまちづくり

わが国の高齢化は、世界にも例を見ない程にスピード進行している。日本の高齢化率は、長寿化と少子化を通じて、二〇〇〇年（平成十二年）には世界の最高水準となり、二十一世紀初頭には、どの国もこれまで経験したことのない本格的な高齢社会が到来することが予想されている。

今日、福祉を中核としたまちづくりが注目され、福祉のまちづくりは、二十一世紀の分権時代のまちづくりのかなめの一つをなすものとなりつつある。このような高齢社会を迎える中で、福祉のまちづくりは、まず「高齢者にやさしいまちづくり」でなければならないことは言うまでもない。

高齢者にやさしいまちであるための前提として、ふつう五つの原則が言われており、まずこの点から見ておこう。それは、

一、ノーマライゼーションの原則
二、自立支援の原則
三、自決の原則
四、社会に参加できる原則
五、住み慣れたところに住み続けることの原則

以上五つの原則であり、二十一世紀の高齢社会には欠かせない原則であるとされている（吉野正治『市民のためのまちづくり入門』一九九七年）。

まず、第一のノーマライゼーションの原則（ノーマリゼーションともいう）というのは、人が、障害の有無にかかわらず、社会の中で、一般市民と同じように暮らせる、という原則であり、言いかえれば、「すべての人にふつうの生活を保障する」という考え方である。

この言葉は、かつて、デンマークの社会省精神薄弱福祉課の職員バンクーミケルセンが、知的障害者への社会的対応の改善を求める要請書のタイトルとして、北欧の専門家とも相談し、「知的障害者の親の会」の願いを最も適切に表現しているこの言葉を最初に用いたことに由来している（前掲書、三九ページ）。

ノーマライゼーションという言葉は、今日、社会福祉の理念として広く国際的に用いられるに至った。

第二の自立支援の原則というのは、文字通り、高齢者が精神的にも肉体的にも自立して生きてゆけるよう側面から支援してゆくという原則である。

また、高齢者の自決の原則や特に社会参加—雇用を含む—を促してゆく原則も大切であろう。特に、高齢者は、自分の住んでいる街や村に住み続けたいという欲求を持っている例も多く、施設福祉の問題とあわせ、福祉における家族との関係、在宅福祉の問題が大きくクローズアップされてくることは言うまでもない。

バリアフリーのまちづくり

このような五つの原則を前提にすると、それは、ひと言で述べて、高齢者が「いつでも、どこへでも自由に行けるまちづくり」と言ってもよいものであろう。中国地方や四国地方の中山間地帯の村を調査して気づくことは、住民の交通手段（道路条件と共に過疎バスなどの公共交通手段）への要望が依然として強いことが挙げられる。それは、住民の定住と移動の自由への欲求であり、「住み慣れたところに住み続けられるまち」であると共に、「いつでも、どこへでも自由に行けるまちづくり」と言ってよいものである。

そのことは、いわゆる「バリアフリーのまちづくり」の方向と言ってよいかも知れない。バリアフリー法案（正式には、「高齢者、身体障害者の公共交通機関を利用した移動円滑化促進法案」）が閣議決定され、国会で審議される。同法案では、「一日の乗降客が五千人以上で高低差五メートル以上の鉄道駅」（全国で二千駅）など旅客施設の新築や改築、新しい車輌や船舶を導入する際に、公共交通事業者（バス、鉄道、航空、旅客船など）に対し、旅客施設へのエレベーターやエスカレーターの整備、床面の低いバスや車いすで移動しやすい船舶の導入、案内標識の設置などを義務づけるもので、国が運輸施設整備事業団を通じて補助金を出すほか地方債の起債にも配慮しようとするものである。

いずれにしても、高齢者や身体障害者が動きやすいまち」（さらには幼児・子供の移動にも配慮したまち）にしてゆくことは、今日、まちづくりの必須の条件となってきている。

例えば、道路や通路、建物内の廊下などに段差や凹凸がなく、滑りにくいこと。歩道橋や高架・地下の鉄道駅には、エレベーターやエスカレーターを設置すること。階段、公衆トイレなどには、手すりや滑り止めをつけておくこと。電車やバスの乗降口を平坦にすると共に、すでに本文でもいくつか述べてきた通り低床化すること、また、車内で乗客がしっかり握れる手すりも必要である。

駅の案内図や料金表、バスの路線図、時刻表などは、低い位置に大きな字で表示すること、切符の販売窓口や販売機、キャッシュコーナーの機械も、高さを調節（障害者と共に子供にも配慮し低い位置にすべきとの意見もある）し操作を簡単にしていくことも今後の課題であろう。福祉大学の学生の中からは、電話ボックスの電話を掛ける位置なども、高齢者や障害者・子供にも使用しやすいものとしていくべきとする意見も聞かれた。

このように見てゆくと、バリア（障害物）フリーのまちづくりへの課題は、今後益々大きく、また拡がりを持ってゆくものと思われる。

もちろん、バリアフリーは単に物的施設のみにとどまらず、障害者など社会的弱者との間の「心のバリアフリー」もまた、きわめて重要となってきていることは言うまでもない。

ボンネルフ道路

高齢者や子供（車椅子の障害者にはもちろん）に対してやさしい、バリアフリーのまちづくりの一つとして、オランダに始まる「ボンネルフ（ｗｏｏｎｅｒｆ）道路」の実験が注目されている。

ボンネルフは「居住の場所・庭」という意味であるが、住宅街の中の細い道（コミュニティ道路）に外部から入ってくる自動車がスピードが出せないように瘤や段差、ジグザグの折れ曲りをつくる。今日、公私立大学のキャンパスなどでも試みられているものだが、このようにして住宅街のコミュニティ道路を、高齢者や子供、主婦など生活者にやさしい道路―居住の庭―にしてゆく実験なのである。

もっとも、このようなバリアフリー化への事業は、交通事業者やこの整備事業を支援する国・地方自治体など公共団体側における予算上の問題もあり、ハード面の改造は一度には困難なので、緊急度の高いものから計画的に、段階的に整備してゆくべきであろう。

住居づくりの改善

バリアフリーのまちづくりは、さらに、アパートやマンション、持家住宅など個人の住宅の「つくり」にも及ぶ必要があるだろう。高齢者向けの仕様・設備を採用している「シニア住宅」の認可をめぐる問題もある。

高齢者が、家庭でのちょっとした事故、つまり転ぶとか、階段や石段などを踏みはずすなどにより、寝たきりになるとか、その時の傷がもとでいのち取りになるケースもよく聞かれ、また私たちの周囲でもしばしば体験することである。

このための家のリフォームや新築の際の十分な配慮が必要であるが、例えば、階段や浴槽に手すりを設けるとか、風呂場への入口の段差をなくすとか、敷居をバリアフリー化するなどいくつかの配慮を、建築の専門家チーム（リフォームヘルパー）などの意見を聞いて行っていく努力も今後ますます重要であろう。

家のリフォームのための自治体等からする補助制度の整備が、今後、広義のまちづくりにとって重要な課題となるだろう。

地域医療通信ネットワークと介護保険制度

高齢者や障害者にやさしいまちづくりであると共に、個々の住居のリフォームへの支援活動、さらには、すでに述べた通り在宅福祉分野において岡山県金光町や滋賀県野州町などでも試みられている一人ぐらし老人への地域医療の通信ネットワークの整備は、福祉のまちづくりの方向として重要な施策の一つであろう。

二〇〇〇年四月から、わが国でも、いよいよ介護保険制度が市町村に導入された。介護保険における、介護認定とケアプランの作成、各種の営利団体、非営利団体の参加によるケアマネージメントのあり方も、市町村を主体とした今後の分権的な福祉行財政システムの実現にとってその真価を問われる重要な行政分野の一つとなっており、介護保険制度のソフトランディング（軟着陸）とその定着化が当面の課題となっている。

(三) 農村の再生

過疎再生への道

急速に進む老齢化

一九五〇年代末から六〇年代、七〇年代初頭に至るわが国の未曾有の高度成長の過程で、農山村ではいわゆる「過疎化現象」が進んだ。「過疎」という言葉は、一九六七（昭和四十二）年頃から政府の経済社会発展計画の中で用いられだしたが、ここでは、「過密」に対する「過疎」の概念を、「人口減少のために一定の生活水準を維持することが困難となった状態、たとえば防災、教育、保健などの地域社会の基礎的条件の維持が困難になること…」とされている。

つまり、村からの若者などの流出により「人口が減少し、年齢構成の老齢化が急速にすすみ従来の生活パターンの維持が困難」となっていくことである。このための行政的対応として、高度成長末期に近い一九七〇（昭和四十五）年、議員立法で過疎地域対策緊急措置法（旧「過疎法」）が十年の時限立法で成立施行され、その後八十（昭和五十五）年三月末に過疎地域振興特別措置法が、そして九〇（平成二）年過疎地域活性化特別措置法（いわゆる「新過疎法」）が成立した。

近年の出生率の低下・少子化時代の到来が、過疎化現象に新しい影を投げかけている。過疎地域の将来人口推計では、一九九〇（平成二）年から二十二年の間に、なお二十七・八％の人口減少が見込まれているのである。

過疎を自然的・地理的条件からだけとらえるとすれば、このような現象はすでに一九五〇年代から日本列島の地理的条件のきわめて悪い離島や山林・辺地——他の地域とは遮断された——にみられている。この現象は、その後の太平洋ベルト地帯を中心とした未曾有の高度成長を通じて加速された。

これまで、東日本の季節出稼ぎ型（農閑期を中心に農民が大都市の建設現場等で働く）に対比し、西日本の挙家離村型が言われてきたが、農家の中堅労働力の村からの流出のあり方は、従来の季節型に加えて週勤型（帰土月来型。土曜に帰り月曜に工場に出かける）、日曜型にまで及んできている。

怖いのは「心の過疎」

これを中国地方の中山間地域の村々に例をとって見ても、若者や中高年齢者の関西方面への流出による挙家離村――廃屋――の事例（岡山、広島の県北部）、小中学校・高校分校等の統廃合による地域住民の精神的支柱（地域の文化センター機能）の喪失、農家の後継者不足と村の若者の四〇％に達する独身者の残存、リゾート化の中の外部資本による土地買い占め、ダム開発と村落の崩壊、高齢化と豪雪、大雨洪水・地すべり等自然災害の事例（島根県ほか）が見られるのである。

過疎化の中で、最も恐ろしいのは住民の中に宿る「心の過疎」とも言われる現象である。過疎地が産業廃棄物等の捨て場にされ、地域べっ視が進み、住民もこれを当然のこととして受け入れ、農村景観が破壊されるだけでなく住民も地域への〝誇り〟を失ってしまうことである。過疎の克服のためには、まず地域住民の地域への「誇り」とふる里への「愛着」を涵養していく社会教育が必要であろう。

しかし、一方で、今日全国の過疎地においては、住民の主体的な村おこし、町づくりへの動きも着実に進んでいる。北海道の池田町や大分県の湯布院町や大山町の成功例——一村一品運動ほか——については多くの紹介がある。中国地方の「過疎を逆手にとる会」や「鬼サミット」「メルヘンの里」づくり、「星の美しい町」づくり…など過疎化が進行している地域で、道路・生活基盤等社会資本の整備と合わせ、農林業（一・五次産業を含む）を含む産業振興を通じて村の「活性化を図る」努力——住民の独創的な過疎の再生への努力——をつづけている自治体が各地で増えてきている。

今後の中山間地域・山村の活性化への課題については、第一に、山村の森林資源等のもつ緑と水資源の保全機能への国民的認識を高めると共に、このことを目的とした関係市町村への特別の交付金（または交付税の特別措置）の設定を早急に図る必要がある。

第二に、中山間地にある景観の美しい棚田等を都会人や第三者にも開放し、趣味と自然に親しむ農業（ホビー農業）を実現し、同時に農山村の景観を保全していくことである。

田園の魅力見直せ

第三に、山林の落葉や枯葉は、菌の活動を通じ新しいバイオ型産業への可能性を秘めている。

第四に、森林の新鮮な空気と水、緑は子供や若者・老人のいこいと健康、レジャー（家族のオート・キャンプほか）にも多くの場を提供できることである。

一九九七年一月の阪神大震災は、大都市の過密と災害対策について多くの教訓を与えた。救援活動を通じて街づくりにおけるボランティア活動の意義も再認識されている。それは、過疎地を含む日本国土の今後のバランスある発展に向けての多くの教訓であり、警鐘でもあることは、言うまでもない。

二十一世紀に向けて、人びとのライフスタイル・価値観が変化する中で、豊かな自然環境を背景とした田園的魅力が見直され、過疎地の地域住民の主体的な地域づくりへの取り組みが、いよいよ期待できる時節を迎えたのである。

吉備高原都市

岡山県中部で吉備高原都市の建設が進められている。岡山県が中心となり、関連地域の岡山市など三市五町が協力してこの新都市建設が進めらた。地元の加茂川町・賀陽町の二町が吉備高原都市建設協議会を設置したのが、石油危機の年の一九七三（昭和四八）年十一月、岡山県が新都市建設推進本部を設置したのが翌年の七四年七月なので、本年（一九九九）ですでに二十五年余が過ぎる。

もともと、この新都市地域の発想は、岡山県の中部の中山間地帯（中部〝真空地帯〟とも言われていた）に、いわゆる〝南厚北薄〟（県北部の過疎地域に薄く、南部の都市地域に厚くなりやすい）行政の是正策として長野県政時代に構想され着手されたものである。

人口三万人をめざした新都市は、地域振興整備公団などの協力を得て進められ、センター区の業務商業ビルをはじめ、いくつかの業務施設も整備された。また、(財)吉備高原保健福祉のむら事業団を通じて、八三年には、福祉のむら身体障害者および精神薄弱者施設の事業が開始された。第三セクターによる(株)吉備松下の誘致や、(株)吉備NC能力開発センター業務の開始などがそれである。

この新都市は、二十一世紀を象徴する高原の〝福祉のむら〟の性格も帯び始めていた。

しかし、その後、八四年八月には、吉備高原地域テクノポリスの指定も行われ、吉備高原ニューサイエンス館、(株)林原生物化学研究所吉備製薬工場も設立されるなど、瀬戸大橋の開通（一九八八年）も前提にバイオ先端産業を中心とした工業都市化への性格も持たされ始めて今日に至っている（その後工場誘致は二、三に止まりバブル経済不況とも重なりあまり成功していない)。

その後周辺には、新岡山空港、岡山県工業技術センター(岡山大学の地域共同研究センターも参加)等も立地し、いよいよ、その方向への転換も強くなってきている。広大な自然教育(スポーツ・レクリエーション)施設用地はあるが、住宅用地への入居はなお計画の半分にも満たない状態である。

この新都市は、六十万都市岡山市のニュータウンとしての性格をもつのか(そのためには、新岡山空港を含め新交通システムがどうしても必要)、福祉都市として進むのか、あるいは、バイオなどを中心とした先端産業の立地を含むイギリスの「田園都市」(E・ハワード)のような方向に進むのか。職住近接のためには、雇用のための職場がまず確保されねばならないだろう。

また、岡山市の本田茂伸副知事も岡山大学経済学部の特殊講義でいみじくも語られたが、都市が真に〝都市〟たり得るためには、都市には業務施設のみでなく、人間の住み憩う場―自然景観はもちろん遊び場やレジャー施設を含む―としての〝裏町〟もいるのである。東の筑波学園都市建設がたどった都市建設上の問題点も、西のこの〝実験都市〟でさらに検討され克服されていかねばならないだろう。

この新都市が、市場経済化の中で、どのような持続的発展をとげ得るのか。これまでの膨大な公共投資を無駄にしないためにも、さらに情報公開（ディスクロージャー）を進め、県民の総意を持ちより県民参加によって解決を図っていく必要があるのではなかろうか。

(四) 岡山の歴史と文化を考える

近代資料の収集と文書館

近代資料の収集

かつての県史編纂事業のもとで、すでに岡山県史全三〇巻が刊行され、各市町村史もブームのように刊行されつつあることは地域の歴史に関心を持つ研究者の一人として喜ばしい限りである。しかし、その叙述された中身については、今後より掘り下げていかねばならない課題も多く、そのいくつかについて編集・執筆などに当たった者の一人としては責任も痛感している次第である。今後とも、地域在住の研究者・歴史研究家の皆さんのご批判・ご叱声を待って深めていかねばならないだろう。

かつての県史編纂の過程で、私の関係している近代岡山県関係の資料収集についてみると、例えば、国立公文書館所蔵の公文書（「岡山県史料」ほかの県から内務省宛送った各種の公文書）、国立国会図書館特殊文庫所蔵の岡山県関係資料（民権運動景況概略ほか）、県下の五〇町歩以上地主を含む各地主・家文書、大原社会問題研究所所蔵資料（法政大学所蔵）、岡山県警察資料ほかのいくつかの貴重資料がかなり組織的に収集された。これらの一部は、近現代については岡山県史・産業経済、同・政治・社会（いずれも資料篇）・教育・文化・宗教篇として公刊されている。収集された近代資料と、現在岡山県文化センター郷土資料室に保存のものをはじめ、岡山市立図書館奉仕課、岡山大学図書館所蔵の池田家文庫（近代のものもかなりあることに注意）ほかの郷土関係各種資料などを合せれば、近代岡山に関する歴史研究も以前よりかなり進めやすくなったこともまた事実であろう。

もっとも、ここ七～八年の間に、地域の近代史史料の収集整理が行われたのは、県史関係のみにとどまったわけではない。民間の団体によるものでも、例えば、一九七九年に結成され活動した岡山民権運動百年記念実行委員会により『岡山民権運動史関係史料集』（第一集～第六集）が編集刊行された。この団体は現在活動を休止しているが、この史料集は、時折、遠くアメリカ・ワシントンの議会図書館や公文書館などからも在庫の問い合せがあるなど、内外から注目を集めるに至っている。また、筆者の関係している岡山県社会運動史研究会による戦前からの活動家の資料収集もある。

ところで、岡山県史『政治・社会』資料篇の中には、膨大な岡山県警察資料（その全部とは言えないが主要なもの）が収録された。この資料収集と検索・整理には、県史編纂室近現代関係者と共に私も専門委員の一人として参加したので、今回収録した資料についてこの機会に簡単にふれさせて頂きたいと思う。

現在県内に残された警察資料は大まかに言って二つある。一つは、かつて岡山県警察本部が発刊した『岡山県警察史』（一九七五年）を編纂するため蓬郷巌氏（元岡山県政史・県会史編纂室嘱託）、柳久雄氏らが収集した資料であるが、このうち、故井上忠男氏（元岡山東警察署長）所蔵の「高等警察・特別高等警察資料」（その写しが保存されている）は特高課消滅のさい幸いにもある人の尽力で焼却を免かれたものであった。

いま一つは、都窪郡清音村の松野友治氏（故人）所蔵の旧岡山県高等課・特別高等課資料（通称「松野資料」と呼んでいる）である。松野氏は、岡山県警察部高等課長、刑事課長、岡山東警察署長などを歴任、退職後清音村村長を経験された人であった。氏は県高等課在職時に部内で作成したり配付された資料を自から分類し表題をつけて綴り、保存されていた。一七冊にのぼる資料の主なものには、①一九二五年から一九三〇年までの「蛍籠」をふくむ思想警察資料がある。「蛍籠」と名づけたのは、松野氏自身の俳号「不屈庵痩蛍」に発しているが、氏の極秘資料への他見を禅っての配慮といわれている。つぎに②一九三二年から高等課の廃止される一九三五年五月までの政治警察資料のうち「高等警察日誌」（一九三三・一～一九三五・五）、③その他、高等課・特別高等課が入手した証拠品（機関紙、ビラ、大会報告書、手紙、暗号など）がいくつか保存されている。

これらの中に、大正末・昭和初期の毎年の「現況報告」があり、県下の思想団体の現況、労働団体、農民団体、水平運動、朝鮮人の状況、反動団体、学生団体、特別要視察人の現況などが、内務省警保局にくわしく報告されていたことが分かるのである。

なお、前者の「高等警察・特別高等警察資料」の中には、岡山県下の民権運動以来の政党の動きを書いた「岡山県政党沿革大要」、普選運動にふれた「岡山県下の普通選挙運動の沿革」などの貴重資料もある。私は、すでに当該資料については、『岡山大学経済学会雑誌』に紹介してきたが、このうち基本史料については、このたび合わせて県史に収録された。「松野資料」の中には、また、県下の農民運動に関する従来の基礎資料（岡山県内務部『小作争議ノ沿革及現況』大正拾参年十月）に加えて、大正末・昭和初期の県下農民運動に関する概況調査があり、今回はこれも収録し、研究者への便宜をはかっている。なお、「松野資料」のエッセンスは、『岡山県労働運動史資料』上一九五一年刊）にもすでに

ミュンヘンの古文書館
（日本の浮世絵が沢山ある）

発表されているが、同書の聞き取り部分には正確さを欠く箇所もあるので、引用には注意しておく必要があるだろう。

米騒動の経過を克明に記録した「鳳尾日記」は、倉敷市本町の米商人大森一治氏が残した日記である（大森久雄氏が所蔵）。先に述べた県史、『政治・社会』資料篇『新修倉敷市史』11史料近代㊤にこの資料の一部も収録された。

さて、このようにして、これまでの県史編纂事業その他を通じて収集された近世・近代・現代の多数の資料がどのように保存され、どのように県民に公開されるかは、研究者・市民にとっても大きな関心事である。先に述べた警察資料は、その原本は、松野氏から県警察学校図書室に移管される予定であったが、当時の県史編纂室外の努力により、編纂室（現公文書館対策班）の方で保管されることになる。建設予定の岡山県公文書館を通じて早期に、研究者など関心のある市民の利用に供されることを希望しておきたい。

私の研究分野の資料について、今一つ述べておかねばならないことは、県下各市町村所蔵の役場史料（戸長役場史料を含む）の保存・整理の現状についてである。県下の役場史料の現状について私の知っている限りでは、①戦災ないしは水害等で焼失・紛失したケース、②合併にともない旧村役場資料が処分され紛失したかないしは議事録のみ引き継がれたケース、③旧村役場の史料も一応引き継がれたが、保管の倉庫が狭くまた未整理のまま消防署の二階などに置かれ放置されているケース、④町史・村史などの編纂でひとまず整理保存されているが、町史編纂が終ると、そのうち重要部分のいくつかが持ち去られ管理不十分となっているケース、⑤県文化センター、市立図書館、町立図書館（公民館）などに引き取られたが、人員不足で未整理となっているケース、など色々なケースがみられる。またマイクロ化し保存されたが、現物の史料は廃棄処分扱いされているものもあり、研究者にとっては利用しにくくなったものもみられる。いずれにしても、戦前の旧府県制、郡制（大正末期に廃止）、市制町村制のもとでの文書保管規定が、新地方自治法のもとで有効でなくなっていることに、基本的な問題があるのではなかろうか（戦前までの行政資料については永年保存さるべきかどうかが不明確であり、事実上文書保存規定がないに等しく、各市町村総務課、文書課、議会事務局などの独自の判断にまかされている）。

話は変わるが、私は、過去二〜三回、欧米の都市行財政の調査に出かけたことがある。欧米を訪れた人なら周知のことだが、ヨーロッパ先進国の図書館、古文書館の整備には改めて目を見張らされるものがあった。とくにヨーロッパのフランス、ドイツ、イギリス、イタリアなど先進国では、どの町に行っても各町の古文書館が整備され、市民たちは、「わがまち」の古さ、史料保存の多さを誇りにする伝統や慣習があるやに思われることである。ヨーロッパの古い城壁の跡を残しているどの都市にも、市庁舎や教会の建物・市民広場の近くに立派な図書館がある。公共図書館―州立、市立―は、その街の歴史と文化のシンボルでもある。図書館の玄関や回廊を飾る彫刻、建築様式などそれ自身が街並みの一要素となり、文化財となっているケースも多い。

イギリス中北部産業革命の都市リーズ市の図書館には、ヨークシャーの産業、文化、自治の資料が豊富に保存され、地域資料は豊富であった。リーズ大学図書館の地域資料にも目を見張らされた。

また、海外の地方史資料の収集も進んでいることである。例えば、西ドイツ・ミュンヘンのバイエルン州立図書館・古文書館、ミュンヘン市立図書館のアジア部門には、日本の江戸時代からの多数の歴史書や浮世絵なども集められ、最近の日本の歴史書、雑誌もほぼそろっていた。大学附属のアジアセンターなどによる日本の地方史文献の収集は、かなり組織的になされていた。とくにアメリカのカリフォルニア大学・バークレー校をはじめハーバード、コロンビア、エール、コーネル、シカゴほか各大学の東アジア研究センターなどによる資料収集はすさまじい。カナダのモントリオール大学の東南アジアセンターでは、日本の国会図書館司書が出向し一定期間雇われて日本の地方史料等の収集に当たっていた。また、州立・市立図書館・古文書館には、多数の男女のライブラリァンがいて、地域資料に関する見識者として尊重され、社会的地位も比較的高いとのことである。書名等が二六文字のアルファベットであるせいもあるだろうが、情報検索システムも進んでいた。〝わがまち〟の史料の多さを誇る伝統がとくにイタリアの旧自由都市などで強い点は、わが国の自治体の文書行政の現状に比べうらやましい限りであった。

わが国でも、文書館法が議員立法にて国会に提出され成立したが、全国の都道府県で、古文書館・公文書館を有している府県は、未だそう多くはない。私が今まで訪れた中で印象深かったのは、福島県の歴史館（町村役場史料の整理がよい）、茨城県水戸市の歴史館、埼玉県の公文書館（専門の司書の数が多く情報公開と一体化している）、東京都の公文書館、京都府立資料館、中国地方では山口県の文書館（県立図書館と併設）などである。広島県のほか、愛知県、岐阜県ほかいくつかの県で完成を見ている。

岡山県でも、いま、石井知事の下で新図書館建設の場所が都心の旧岡山城内跡地の一角現丸の内中学校の敷地に決められ、準備が進められつつあることは喜ばしい限りである。

二十一世紀の高齢社会・生涯学習の時代を迎え、県立図書館・公文書館等は、なるべく都心の足の便のよい場所に立地されることが望まれるからである。

同時に、県都岡山市にも、市制施行百周年も終えた今日、岡山城内か城周辺に市の歴史博物館（古文書館を含む）建設を強く希望しておきたい。

森近運平の影山謙二宛書簡について

明治後期に活躍した井原市高屋出身の森近運平が東京監獄で処刑されたのが一九一一（明治四四）年一月二十四日なので、一九九八年で実に八十七年目を迎える。この年にもその日に近い一月二十五日、井原市の生家の前で墓前祭が行われた。

運平が片山潜や河上肇らと並び明治期を生きた初期社会主義の思想家の代表的な一人であったことは、今日では比較的よく知られるに至ったが、前二者に比べると未だよく知らない人も多い。

社会主義といっても、旧ソ連邦は崩壊してロシア連邦となり、中国も社会主義市場経済といわれるように大きな変貌をとげるに至っている。わが国の旧社会党の例においても同様の変化が見られている。

二十世紀末のこの時代において、岡山県の西部・井原市高屋に生まれ、郷里の岡山や東京・大阪などで明治期に活躍した森近は、当時の社会に何を提起し何を語りかけていたのかを知る手がかりについて考えたい。

初期の社会主義思想家といわれる人びとには共通した人間的魅力、求道者とも言える人間救済への情熱が見られる。片山潜は、キリスト教の洗礼を受け、河上肇は浄土宗に帰依し、森近運平も幕末の民衆宗教の一つ金光教を信奉する家庭に生まれた事実など、当時の活動家と諸宗教とは何らかの形でかかわりを持っていた事実も興味深い。

○

森近運平の書き残した七〇近くの書簡(現存分)を見ても、文字通り〝人間的豊かさ〟溢れる中身である。その中の一通で、確か一昨年の「森近運平を語る会」で久保武氏を通じて紹介された影山謙二宛書簡(コピー)にもそれがよくあらわれている。

この書簡は、一九〇四(明治三七)年一〇月七日、岡山市上ノ町十五番地の運平から美作勝田郡勝加茂村(現勝央町)の影山謙二氏に宛てたものである。差出人の運平は、その後八月、同町一二八番地に転居している。この年の四月三日、岡山いろは倶楽部が岡山市石関町常磐木(井)旅館で設立され、運平の住所の二階は同倶楽部の集会所としてもよく利用されていた。

この書簡は、同倶楽部の十一月の第一日曜日の例会に出岡を請う内容のもので、すでに『森近運平研究基本文献』下巻（一九八三年刊）にも収録されているものではあるが、森近悪運（この頃彼は『平民新聞』にこのペンネームで投稿していた）署名の影山大人宛の書簡の文字からは、初々しい運動への彼の情熱と迫力が伝わってくる。

影山家は、岡山県北美作の旧勝加茂村で酒造業を営む中地主であり、明治後期の宇野築港・村有林野統一事業反対の勝田郡有志大会の会長を務めた人物であるが、「社会主義書類取次」の広告を『光』に出していたので初期社会主義の運動にも関心を持ち参加した人物なのであろう（水野秋執筆『岡山県社会運動史』2　一五五〜一五六ページ）。

「併し一度主義の人となる以上は、学の深浅…は問ふを要せさる事と心得、常に伝導者たるの覚悟致居候間、何卒爾後御見捨なく御指導之程奉希候。」と森近の影山氏宛の書簡には記されている。

この年、運平は満二十三歳。『産業組合手引』を既に出版。日露戦争反対の講演等で県庁職員を辞職している。「常に伝導者たるの覚悟」と記している通り初期社会主義者にはこのような宗教家的情熱が同居していたのであろう。事実、影山謙二氏も日蓮宗の熱心な信奉者だったといわれる。

「ヒューマニティなる社会主義」の一面が、この書簡からも感じとれるのである。

○

この一文は、『岡山県社会運動史研究会会報』No28に一九九八年三月掲載した拙文である（森近運平を語る会会報第四号より転載）。森近運平は、初期社会主義思想の代表的な一人であったが、幸徳秋水らの大逆事件に連座し惜しくも三十歳で刑場の露と消えた。もし彼が、さらに生きていたら日本では勿論、世界的な思想家になったであろう。井原市の高屋にある彼の生家は、今荒れ果てている。できればこの土地を買い取り市の歴史公園にでもできないかというのが、「森近運平を語る会」（事務局は井原市）のメンバーのひそかな願いなのである。

井原市や笠岡市のある旧小田県は、美作地方と並び岡山県の自由民権運動の発祥地のひとつである。この地域で、人間を愛し、農業を愛し、共同耕作を実践し、村有林の大切さを説いて村の自治にも尽くした森近が育ったことも意義深いと言わねばならない。

このような、歴史的な古里の人物を掘り起こし顕彰しつつまちづくりをすすめることも「歴史に根ざしたまちづくり」のモデルのひとつとなりうることを述べておきたいと思う。

岡山の風土と県民性

一

瀬戸内の岡山県というのは、地理的には気候温暖で晴天の日が相対的に多く―〝晴れの国岡山〟というのは岡山県のシンボルとして使われている―、また地震もきわめて少ない地域とされている。

しかし、気候が温暖で、産物も、古代吉備の国では塩、鉄、米の三つの生産力が高く、いわば海の幸、山の幸、陸の幸が豊富な地域とされ、住民は「何とか食べてゆける」というわけか、一面でハングリー精神に欠ける面があったことも指摘されている。

岡山の県民性については、かつて戦後の時代社会をずばり言い当てた評論家で知られる大宅壮一氏が、「岡山県人はユダヤ人的」と皮肉ったことがあった。ユダヤ人というのは、利己的で計算高いとされた「ユダヤ商人」のことで、これを近世以来の「岡山商人」にたとえた言葉であるが、この点を今少し掘り下げて考えてみたい。

確かに、備前岡山藩の商人は、でっかいことをやり浪花節的な人情もあった大阪商人と比べると、取引規模も小さく利に聡く、目先が利いて怜悧な一面もあったようである。しかし、岡山商人のすべてがそうであったわけではなく、経済に余裕ができた岡山の商人は、書や和歌、古美術、骨董、お茶など文化を楽しみ、貧民救済など社会事業（今日のフィランソロピー）にも取り組んだ。

岡山県人には頭脳明晰な人も多く、近世・近代に多くの全国的に知られた名医、学者を輩出した。とりわけ、合理主義といわれた岡山の風土から、親鸞の師匠で浄土宗の開祖法然や不受不施派、黒住教、金光教などの創唱宗教（当時の新宗教）といった神秘主義に通じる宗教をどうして多く生み出したのであろうか。この疑問について、考えておく必要がある。

二

岡山県民の性格に、「岡山商人」にたとえられる〝計算高さ〟〝利に走りやすい〟一面があるとされていることについて述べたが、確かに、経済人にもそういう一面があり、例えば、岡山の酒は、それ自身の銘柄でPRするよりも、桶売りで、灘や伏見の特産地に売られ、手っ取り早い儲けが行われてきた一面があった。岡山特産のお茶も、宇治や松江に売られ別の銘柄に変わるのがこれまでの実情であった。もっとも、お酒は近年、岡山の酒造業者の方々の努力が功を奏し、地酒、純米酒もかなり普及し、再生されてきているのであるが……。

そのような〝計算高い〟と言われる岡山の風土の中で、何故神秘的と言える宗教―禅宗（栄西）、浄土宗、不受不施派、黒住教、金光教など―が多く生まれたのかが課題であった。

これに対する筆者の一つの回答は、岡山県の風土に培われて生まれた宗教の中に強い合理的な指向が見られることではないかと考えている。

浄土宗を開いた法然やその弟子の親鸞の教えは、人間は〝南無阿弥陀仏〟の念仏さえ唱えれば救われる、というきわめて明快な教えであった。

不受不施派は、僧侶は信仰心のないものから布施を受けてはならず（不受）、信者は他宗の僧侶や寺院に参詣、布施をしない（不施）という日蓮宗の古来からの宗規に基づいた宗教である。東芝の社長で政府の臨調・行革審議会の会長を務めた土光敏夫氏（岡山市の関西高校出身・故人）は、不受不施派の信仰を持つ家庭に生まれ、朝はめざしを食べたと言われる通り、質素倹約、合理的な生活と会社経営を信条とした人物であったと聞いている。そう言えば、詩人で知られる熊山町出身の永瀬清子氏も不受不施派の家に生まれた。

近世からの創唱宗教の一つ黒住教には、神秘性もあるが、教祖宗忠は、生き死も、幸福も貧乏も、みな人間の心の持ち方で、この道理を知るのが〝誠〟であると述べて、岡山藩の士族層を中心に布教した。

金光教祖の赤沢文治は、人びとの日柄・方角の迷信（金神信仰）を打破し「天地の道理」と生神（人間の中に神が生まれる）の信仰を説く合理的・開明的な教えで周辺の農民や岡山・大阪の商人の中に教えが広がった。

一見神秘的とも思われる岡山の諸宗教の中に、共通した〝合理性〟と〝開明性〟が強く見られ、これが、岡山県地域の諸宗教の特徴の一つとなっていることは、興味深い。

三

岡山の宗教に見られる〝合理性〟や〝開明性〟の特徴は、この地域のほかの民衆運動の中にも見受けられる。例えば、山中一揆を起こした美作地方の農民が、庄屋の帳簿を自主管理した話や、大正期に「小作料永久三割減」要求を全国に先駆けて行った邑久上道の農民運動が、農家の生産費（種もみや肥料代等）や農民の賃金分の「合理的な」計算に基づいた運動だった事実も、きわめて岡山県民性の一つの特徴を示していたとは言えないだろうか。

四

岡山県の県民性の内、今一つは、昔から岡山県が教育県だと言われてきたことがあげられる。これはどのような意味からだろうか。もちろん、教育県というのは、長野県、鹿児島県など各県についても言われてきていることなのだが―。

まず、教育県と言われている理由の一つに、庶民の教育熱がきわめて盛んなことが挙げられる。近世の幕藩体制のもとでも、商品経済が発達し人々にも余裕が出てくると文化や教育への欲求が高まってくる。また、備前岡山藩の池田光政についても知られているように、藩主の文教政策―教育の奨励策―等によっても大きな影響を受けるだろう。

『日本教育史資料』によると、近世までの寺子屋の数は全国で一五、五四二に及び岡山県地域の数は一、〇三一と長野県、山口県に次ぐ多さということである。近世から明治五年頃までに、備前三三〇、備中四七三、美作二二八と備中が四五・九％で最も多くなっている。郡別では備中浅口郡に八二と集中している。

私塾数は一四四でこの内岡山区に四三があった。ほかに神道・仏教・儒教・道教などの学問を庶民に話す心学の校舎も普及し、一〇前後あったと言われる。

このような民衆の教育熱の盛んな中で、岡山市庭瀬川入の大庄屋に生まれた犬養毅（木堂）が、三餘塾に学び、また小田県庁（笠岡）の書記として務めお寺での輪読会などに出て万国公法など欧米の書物を読み、議会政治の意義を若い頃に学ぶことができたのである。

また、近世松山藩における儒学者山田方谷の藩政改革をはじめ、小田県の臨時民選議院の設立、明治一二年全国に先駆けて国会開設運動を始めた岡山県の自由民権運動も、このような民衆の教育熱を背景として開花し実現できたのであった。

岡山県が長野県などに次いで教育県と呼ばれている理由には、ほかに小学校教育の普及率の高さ、キリスト教の影響、女子教育の伝統、六高・医学校と医学教育の古い伝統などいくつかが挙げられるだろう。

(株)ベネッセ・コーポレーションのようなユニークな教育・福祉産業の発展もこのような教育県岡山を背景にしているということができるかもしれない。

ただ、岡山県が長野県と並ぶといっても、例えば信州には沢山の地方出版が活動している。岡山県にも何人かが努力されていることは心強いが、なお、全体としては長野県には及ばないのではないか。まるで、地方文化は長野から発するともいえる状況である。また、山口県は早くから文書館等を県が整備していた。以上の点では、岡山県民がこれらの〝先進県〟に学ぶものもなお多いのである。

先にもふれたが、自治体行政で古い文書を合併などの際、簡単に廃棄する習慣があるのは、自治体の文化行政としてどうであろうか。

五

以上、教育文化面を中心に岡山県の県民性の特徴の一端についてふれてみたが、長所については、筆者がたまたま岡山県に生まれたことに由来する身びいきさもあるかもしれない。

いまや、「連携と交流」の時代を迎え、また、グローバル化の中で、県民性の論議そのものが意味を失いつつある時代かもしれない。しかし、一面では、地域がより個性を発揮させる時代でもある。厳しいご批判をいただきたいが、ともあれ、「利にさとい」「冷たい」「目先に走りやすい」といったこれまでの「岡山県民」への批判点については、情報化・国際化の時代を迎えそろそろ風化させたいものである。

三、本四三橋時代の地域づくり

(一) 大型公共事業と瀬戸大橋

大型公共事業を考える

いま、国・地方の財政危機の中で各種の大型公共事業のあり方が問われている。バブル経済崩壊後、景気対策のための公共事業の前倒しとして、国・地方で事業が進められてきたからである。

国の景気対策のあおりを受けて、岡山県下の大型公共事業の拡大が見られ、地方債の増発と累積により県財政の赤字が進行し、岡山県財政は、東京都や大阪府などと並び財政指標だけからみれば、全国ワーストワンと言われている。

岡山県では、各種公共事業の三年間の凍結をすでに発表しているが、いつの時点でどの事業から解除していくのか、その際、どのような基準ないしは価値観によって事業実施への評価―アセスメント―を行っていくかが現実の課題となるだろう。

岡山国体の開催についても、主会場を、既存の施設(県営グランド他)をできるだけ使う方向に変えてきているが、今後その開催のあり方もさらに検討してゆく課題が残されたと言えるだろう。

大型公共事業の一つに、瀬戸大橋と料金との関係をめぐる問題がある。瀬戸大橋は、本四架橋の一つで、一兆一九〇〇億円（調査費等を含む）の支出を行って一九八八（昭和六三）年四月一〇日完成、以来既に十一年目（九九年四月現在）を迎えている。

大型公共工事は地元企業への発注が少ない事、列車騒音の問題、自動車の通行台数は当初の予想の一日平均二万四五〇〇台の五～六割にしか達しなかったこと、通行料金がきわめて割高と一般に考えられていること、岡山県・香川県など地元の出資金負担が大きいことなど架橋にはいくつかの問題が残されている。

本四公団による瀬戸大橋等の料金収入（業務収入）は、これまで全収入の約五％で一割にもみたず、公団の借入金額は三兆円を上回り、債務償還費等業務外支出は、全支出の五割以上を占めているのが現状である。

このように瀬戸大橋の料金収入だけでは、公団の縁故債や借入金の元利償還費を穴埋めできない。では、折角地元の強い要望で建設され完成をみたこの大橋の維持管理とその積極的な活用をどうするかである。九八年度から瀬戸大橋の料金を片道五千円以下に引き下げることが決まったが、通行車両の増加が料金収入の増加につながらないことが予想され、公団は、岡山県、香川県等の出資金額を各十億円増加することを要請し、本四公団への岡山県の出資金は、二十八億八九〇〇万円に増額された。

行財政改革を通じ大型公共事業の凍結を実施しようとしている岡山県の財政にとってはいよいよ厳しいものとなってきている。

今後の瀬戸大橋の有効活用をどのようにして図り、この問題の克服を図っていくのか。今後、大型公共事業には、それまでの膨大な公共投資を無駄にしないためにも、事前の事業評価や環境・景観への影響評価（アセスメント）はもちろん、さらに、十分な情報公開のもとでの事後評価が重要となってきているのではなかろうか。この面では、架橋をいかに活かすかの方策などをふくめ、架橋（本四三橋時代を迎えて）にともなう瀬戸内の産業・交通・都市・環境・観光・文化などの総合的な地域政策・都市農村政策が必要な時節を迎えていると言えないだろうか。

地域の活性化と「交流人口」

第五次全国総合開発計画（五全総）では、地域連携軸構想と交流圏形成の考え方がとられている。

地域連携軸というのは、これまでの第一国土軸（太平洋ベルト地帯といわれる東京－名古屋－大阪－（瀬戸内）－北九州にいたるライン）のほかに、いくつかの新しい国土軸を考えてゆくものである。これを、中四国に例をとってみると、たとえば、日本海沿岸を縦断する日本海国土軸、岡山県が提唱している米子から高知に至る南北国土軸、さらにいわゆる三海二山ルートとされる島根県から広島－（しまなみ海道コース経由）－愛媛県にいたる南北の交流連携軸などが挙げられている。そうして交通・通信網の整備に加え、産業・経済、教育・文化、観光など各分野で幅広い交流・連携を促進し、新しい地域の交流圏の形成が提案されている。

この場合、これまでの地域の活性化の考え方の中に、新しく「定住」に加え「交流人口」の考え方をとり入れることが重要となっている。ところで、「交流人口」の指標に何をとるかと言うと、様々である。まず、国土庁の考え方では、

①地域活性化の指標として、

交流を行った人数×交流度

②施設整備の指標として、

交流を行った人数×（滞在時間÷二四時間）×（滞在日数÷三六五日）

をとっている。

各自治体でもたとえば、京都市の例では、

都市活動人口＝定住人口＋流入超過人口＋観光・買い物客等

愛知県では、交流人口を、

通勤・通学人口、ビジネス人口、観光・レクレーション・レジャー人口、コンペンション・イベント人口を加えたたもの

をとっている。ほかに移動人口（山形県西川町）や幸住人口（山梨県）というユニークな言葉を使っている自治体もある。

私は、当面、交流人口を、定住人口（夜間人口）に加えて昼間人口（市町内の職場・学校等に周辺の他町村から流入してくる通勤・通学人口）、さらに観光・レクレーション・買い物客等人口、町村内の医療・保健福祉施設・美術館・音楽ホール・体育館・スポーツ施設等を利用に訪れる人口、何らかのイベントなどに他町村から参加する人口、などを加えたものと考えてはどうかと思っている。

このような交流人口のみでは、地域への住民の定住と雇用の確保にはなお十分とは言えないかも知れないが、地域活性化へのひとつの重要な視点ではあろう。

たとえば、瀬戸大橋周辺の岡山・香川の交流一時間都市圏内で通勤・通学・商談は勿

論、買い物・観劇・音楽・ゴルフ・詩・和歌・俳句など趣味サークルの活動、大学・官庁等における研究会などの交流がもっと進んでもよく、そのための施設整備、ソフト面でのあり方がさらに検討されてゆかねばならないだろう。いわば瀬戸内ベイ・エリア内での一層の交流人口の増大策である。

この点では、島の歴史・自然などの観光政策が重要となる瀬戸内海大橋（しまなみ海道）については、なおさらであろう。

このような住民の流動化－連携と交流－の時代を展望してゆくと、自治体の税源も今後住民税（所得課税）など直接税だけでなく、たばこ税や、消費税（現行の一パーセント地方移譲を五パーセント全面地方移譲としその税率を各地域の住民投票で決める案が考えられる。アメリカ合衆国の州売上税や財産税の課税のあり方が参考となる）などの地方間接税が重要となるかもしれない。事実、筆者の経験では、アメリカのホテルでは、外国人を含む観光客からも利用者税などを徴収している州や自治体がいくつか見られる。地方間接税のあり方をもっとわが国でも考えてゆく必要が生まれてくるかも知れない。いずれにしても、交流人口に対応した税制が地方税源充実のためのひとつの方策として重要となるだろう。

さもなくば、あるいは、北欧の炭素（CO_2）税や硫黄税、NOx課徴金、ドイツの排水課徴金などの環境税の方向が今後のわが国でも重要な課題となるかも知れない（石弘光『環境税とは何か』岩波新書）。

瀬戸大橋（道路と鉄道）を含み南北交通のクロスポイントに当たる岡山県南都市圏の「交流人口」が今後どのように拡大していくのか。これが、この地域の活性化につながる重要な指標の一つであり、この面からの各都市の施設整備やソフト面での施策を考える必要があると言える。

(二) 分権時代と地域の内発的発展

本四三橋時代と内発的発展

本四三橋時代を迎えて

本四架橋の内、瀬戸大橋が開通（一九八八年）してから早くも十年余りが過ぎる。一九九八年四月には、明石海峡大橋も開通し、本州と淡路島及び四国の徳島とが結ばれた。一九九九年五月には、瀬戸内海大橋（しまなみ海道）も全線が開通し、中四国は、三橋時代を迎える。

中国五県、四国四県を合わせると、人口、生産額等でデンマークにほぼ匹敵すると言われている。しかし、中四国経済文化圏としてまとまって行動できるかについては、なおいくつかの問題や課題も残している。瀬戸内三橋時代を踏まえ、架橋を前提として今後の地域づくりと内発的な産業政策のあり方について、少し考えておきたい。

ポスト瀬戸大橋時代の地域づくり

まずポスト瀬戸大橋時代、瀬戸内三橋時代の地域づくりと社会資本整備の方向について考えて見たい。

① 地方空港の整備

第一に、今後の地域づくりというものは、国際化を前提とした地域経済であり、地域づくりでなければならないと思われる。そうして、その核となり重要な柱の一つとなるものが空港であろう。地方空港を今後どのように整備発展させるかであるが、新岡山空港については、新幹線にのぞみ号も登場し、岡山空港の利用率が五〇％を割る事態もあったが、滑走路の延長もあり、関係者の努力によってかなりの改善を見つつある。しかし、なお、厳しい環境と競争条件におかれている。航空料金については、航空各社の競争激化の中で割引サービス（最近のいわゆる「特割便」）も大きくなって来ているが、空港までのアクセスに要する時間の問題があるだろう。岡山から東京へ行くのに、新幹線ののぞみ号や、ひかり号で行った方が時間的に早いケースも多いが、この問題をどう克服するか。しかし、空の便にはまた、列車とは異なる別の便利さもあることも事実であろう。いずれにしても、空港までのアクセス問題が岡山空港をめぐる大きな課題のひとつであろう。

岡山空港は、国内の岡山－東京間だけを考えていたのではいけない。今後韓国のほか、さらに、東アジア、オセアニア、グアムなどを前提とした国際空港として、人・物両面での機能強化を図る。地方空港も今後どんどん国際化を図らねばならないと思われる。すでに、現岡山空港もそのような方向での機能強化が見られ出している。現在の関西空港は滑走路が一本であるが、将来三本はほしいと言われている。しかし、それを実現させるまでには用地・環境問題他さまざまなネックが残されている。そこでこれを補完できる空港として、地方空港としての岡山空港の貨物輸送を含めた機能強化が必要ではないか。成田空港も周知の通り、用地の取得権や住居に近いなど色々な問題が出てきている。これ以上の拡張を当面はあきらめ、東京に近い羽田空港の海側への拡張を図り、新ターミナルビルの建設を行うなど、国内線を中心に機能強化が図られるにいたっている。

したがって、東京一極集中の是正のためにも、今後、地方空港をそれぞれの地理的条件に応じて強化していくことが必要である。例えば、新岡山空港を関西空港とのネットワークのもとで国際化を図っていく。国際チャーター便を飛ばすだけではなくて、東アジアや極東のロシア、さらにはヨーロッパに向けてもそのサブ空港として今後機能強化していく課題があると思われるのだが……。

国際化との関連では、瀬戸内の港湾機能の再生も改めて重要となっている。新しい高速海運・高速コンテナ基地の役割が言われ出している。下関・呉・神戸港の間にあって、岡山県の港湾（宇野港や水島港、岡山港も）の機能が相対的に弱いと言われている。宇野港なんかも、新しい港湾の機能をどのように再生していくかをもう一度考えて見る必要があると思われる。玉島の新港湾のＦＡＺ機能としての役割がどうなるかも今後の課題である。

②　架橋と湾岸都市圏の整備

五全総計画の中で、岡山県の提唱している米子―岡山・高松―高知間の南北連絡軸を強化する方向も確かに大切ではあるが、私は、瀬戸内周辺の集積力の高い都市圏の整備にまず目を向けるべきと思っている。五全総計画の中で交流と連携がテーマとなり地域を見直していくべきとする意見が出ているが、岡山・香川を中心に瀬戸大橋をはさむ一時間圏の湾岸都市圏の力をもっと強化していくことが今何よりも重要なのではないか。これをもとに、周辺の都市・農村の交流をもっと図っていくことである。

例えば、瀬戸大橋の開通によって岡山・香川の大学・短大・高校などへの学生・生徒入学の相互交流が進みつつある。また、岡山駅前地区や表町周辺への香川県側の坂出、丸亀、善通寺など湾岸地域からの市民の買い物客も一時増える傾向が見られた。この点は、四国側についてもほぼ同様であろう。サンフランシスコの湾岸地域のように、今後、岡山・倉敷―高松・坂出・丸亀…などがもっと連携して湾岸都市圏の機能を強化していく課題があると思われる。

③ 土地利用の高度化

岡山県はもっと土地空間の活用を図っていく必要があると思われる。県南の土地利用計画を今後どうしていくか。広大な土地があるのに、まだまだ土地利用の密度は低いのが現状であるが、農地との調整を図り、環境や農村景観等にも配慮しつつ、さらに土地利用の高度化を図っていくことが必要であろう。

④ 瀬戸内の自然景観の保全と資源の活用

瀬戸内海地域のリゾート化を含む開発のあり方と資源の活用についていろいろと提言されている。確かに、瀬戸内は住みよく、アメニティがあり、四季の変化があり、天候がよく、食糧生産にも恵まれている。野菜が多く果物も豊富なところと言われている。瀬戸内海の豊富な資源をいかに有効に活用していくかであろう。県北の中山間地域の森林資源の活用なども今後重要と思われるが、まず県南の土地利用の高度化が必要である。この点について、これまで、地中海と瀬戸内海がよく比較される。地中海は「死の海」とさえ言われているが、周辺に十六の国があり、先進国と第三世界（途上国）の国々があり、河川等を通じて海の汚染もひどいと言われている。ドイツでは、排水課徴金のような環境税もできているが、ヨーロッパではこのように、河川や内海の汚染問題に対応している。

また、地中海にあまり大きなリゾート地をつくっても問題がある。ラングドック・ルシオンなどのリゾート地もあまり大き過ぎて問題があるということも分かってきており、かつてのリゾートブームは今日沈静化してきている。瀬戸内も今後、これ以上の埋め立ては止め、白砂青松の自然を生かし、新しい都市型（アーバン）ないしは農村型（ルーラル）リゾート、あるいは、一泊～二・三泊型位の小規模なリゾートが島嶼部や、沿岸部にもっとあってもいいのではないか。瀬戸内海大橋沿線（しまなみ海道）の島々のように美術館・歴史博物館等をもっと整備してゆくことも大事ではないかと考えられる。

⑤　住宅環境の整備

五全総でも前提とされている二十一世紀に向けた生活の量から質への転換の問題がある。このためには、まず、労働時間短縮の問題とか余暇の活用とかアメニティとか、特に環境保全をめぐる問題が重要となるだろう。環境には、自然環境と共に歴史的環境も今日では重要となっている。そうして、地方都市や農村にも質やグレードの高い住宅を確保し、若者の定住のための住宅環境を整備することが必要と思われる。その意味で、バレンタイン住宅（作東町）などはそのモデルの一例であろう。今日各町村で住宅問題への取り組みがいくつか見られることは注目される。また、住居の周辺には、イギリスやドイツ・イタリアなどに見られるような、緑多く機能の高い都市公園等もほしいところであろう。

⑥　公共交通システムの整備

近年地方都市圏の交通問題がきわめて重要になっている。岡山県南部都市圏でも例えば吉備高原都市との交通のアクセスが重要となっている。岡山駅から岡大－商大－岡山空港－吉備高原－総社から県立大学－そして倉敷－水島というふうに連携する広域都市環状ルートに新交通システムの整備（ガイドウェイバスよりも最近建設省では新交通システムを奨励している）を行うことが県南部都市圏の長期ビジョンとしてどうしても必要と思われる。

これをやらないと、地方空港の機能は絶対に強化しないと思われるが、採算ベースの問題があり、一朝一夕ではできないかもしれない。空港が遠いという実感があっては市民は飛行機には乗ることを控えるかもしれない。新しい井原線との連絡の問題もあるだろう（倉敷駅への乗り入れはその第一歩）。私は長期の計画でもよいから、岡山県南地域には、そういった都市高速交通体系の整備を是非やっていくべきだと思っている。もちろん経済界の有志の方（福武総一郎氏やＲＡＣＤＡ他）が提唱しているような都心の環状電車、老人と環境にやさしいライト・レイルウエイも非常にいい構想であろう。しかし、それだけではマイカー依存型になっている岡山市の交通問題は解決しない。やはり既存のＪＲ支線の活用を含む新旧の都市交通機関の総合的な整備が非常に重要となっているのであり、これらの総合的な交通政策をだれがコーディネートしていくのか。

⑦　岡山のＣＩについて

都市にはシンボルとかいわゆるＣＩがいる。岡山のイメージが弱くＣＩがいるといわれているが、私は、やはり、岡山城周辺の旧城下町の風情や旭川の水辺景観ではないかと思っている。後楽園、旭川周辺と出石町周辺の城下町の面影を再生していくこと、いわばオールドタウンの街づくりと、近代的なビルによる街づくりとの両方を岡山市のまちづくりの中に取り入れていくことが必要ではないかと思っている。

なお、ここで、若干大胆な提案を許していただくとするならば、現岡山城周辺は、博物館、歴史館、美術館を残しつつ歴史市民公園化－熊本城前の市民公園や津山城鶴山公園などのあり方が参考となる－し広場にしてゆく案が長期的に考えられないだろうか。県立図書館予定の丸の内中学は当然その公園内の施設のひとつとなるだろう。

内発的な産業政策の課題

つぎに、高度経済成長・地域開発の時代からの瀬戸内地域の産業の特徴について見て置こう。瀬戸大橋開通に伴う産業の変貌については、確かに企業立地も幾分かは増えつつある。しかし、瀬戸大橋架橋の企業立地への効果は、思った程大きくなかったことも次第に明らかとなりつつある。

これには、一九八〇年代以降の円高経済やバブル経済とバブルの崩壊、その後の経済界の不況等が、新たな企業立地や企業の設備投資を抑制する要因となってあらわれたことにも、大きな原因があるだろう。

もともと、岡山県や中国地方、四国地方に共通した特徴として、瀬戸内地域を中心に基礎素材型の産業が多い。つまり、造船とか、鉄鋼、パルプ、アルミニウム、石油精製、石油化学というような臨海型、装置型の産業が多い。したがって資源を大量に消費する産業（環境問題にも関連する）がこれまで多かった。

これらの産業の構造転換とこれら産業が持っている高度な技術―例えばコンピューター技術や新素材など先端的な技術―の地元中小企業への移転等によって地元経済への波及効果を高めることも今後重要な課題となるだろう。さらに、従来のような外来型の企業誘致による工業開発のみならず、今後内発型の中堅企業やベンチャー企業を含む産業開発が益々必要とされてくるのではないか。

つまり、今後ほしいのはやはり先端産業を含めた加工組立型産業である。それからバイオとか食品にかかわる産業が今後どうなるのか。岡山県には岡山大学や岡山理科大学などいくつかの大学の理工系の関連学部もあるが、例えば、岡山の「林原」が見せたように、医学、薬品やバイオにかかわる産業が伸びる要素があるといえる。しかし、吉備高原、広島中央、山口の宇部フェニックスのテクノポリスの例を見ても分かる通り、中国三県のテクノポリス地区に配置している企業はなお少ない。また、四国でも、徳島県と特に高知県の企業立地が少なくなっているのが現状である。

経営者の創造的精神と技術創造力

今、バブル経済の崩壊と未曾有の不況の中で地域企業の経営はさまざまな問題に直面している。企業や行政のリストラが言われているが、リストラをうまく活用し、各企業がいかに困難な中で生き残っていくかにかかっていると思われる。つまり経営者が国際的・国内的な経営環境の変化に十分対応できるかどうかである。この面ではかつて、日経新聞などでも論じられたことがあるが、企業の経営方向として依存型とビジョン型とがあると言われている。リストラということで企業の内部管理ばかりやっているようでは駄目で、やはり企業活動には計画とビジョンがいる。つまり、経済環境の変化に対応できるしっかりしたビジョンや計画、創造的技術をもった企業が、結局生き残って発展しているということである。

岡山県の中堅企業で生き残っていく企業をみると、不況の中で苦しんでいる機械関係のメーカーもいくつかある。しかし、プロペラ、船のスクリュー、旋盤や金型、金属成型用機械、その他、世界的な技術で国際化した製品を持つ企業もいくつかある。いわば、オンリー・ワン企業として生き残っている製造業などがあると言える。私の知っている企業の中に最近輸出をのばしている企業がある。たとえば、ユニークな社名の(株)フジワラテクノアートという会社がある。味噌・醤油や酒をつくる機械をつくっている。特に醤油は日本人だけ愛用しているのかと思っていたら、アメリカでもバーベキューをやるのに醤油をよく使うという。そういった機械を輸出している地場産業である。CI作戦でかつての藤原醸機産業から、息子さんのアイデアで社名を変えている。ほかにそうめんの産地鴨方に(株)スズキ麺工という会社がある。麺をつくる器械をつくり中国など東アジアにも輸出している。その他、笠岡のワコー電器(株)など電器・半導体関係産業やゴム関係の産業など中国や東南アジアで現地生産を行い日本へ逆輸入しているものもある。産業空洞化問題もあるかも知れないが、私が現地で工場見学した限りでは、現地の雇用問題に大きく貢献している。アジアとの経済の共生のあり方を色々考えさせられた。これらは、岡山の中堅的企業として注目されているものの一例である。

食品やバイオなどに関連して、最近岡山の地酒が盛り返していることも注目される。例えば赤坂町の利守酒造(株)〔酒一筋〕などもその一つであるが、雄町米などを原料に純米酒をつくっている。岡山の酒はもう駄目だと言われたこともあるが、工夫して地場の酒を盛り返した。そういう種類の地域の食品産業が今注目を集めてきている。

以上挙げたものは、その一例であるが、いわば、経営者の創造的精神によるものだろうと思う。倉敷の産業資本家で文化社会事業への貢献（今日のフィランソロピー）でも知られる大原孫三郎氏（大原謙一郎さんのご祖父で、日本のシュンペーターとも呼ばれている）の経営革新の事例はよく知られている。不況下の企業のリストラの中で経営革新をやっていく中小企業・中堅企業が今後生き残っていくのだと思われる。これからの経営者はそういった創造的な目を持っていただくと同時に、一方で社会的費用の前提というか、社会資本の充実とまちづくりなどにも関心を持って頂き、全体として岡山地域の企業環境をよくしていくことが大事ではないかと思っている。そうしてさらに、特に〝環境にやさしい企業〟でもあることを期待したいと思う。

地域の研究機関と大学の役割

このことと合わせて、今後地域の研究機関等の役割というものがきわめて重要となるだろう。岡山県の新しい工業技術センターをはじめ、最近では、(財)岡山経済研究所のようなシンクタンクも設立されて活発な活動をしている。これとあわせて、岡山商大の経営研究所の講座活動をはじめ、岡山大学の各学部や、各研究機関、吉備高原にある地域共同センターなどが、研究に加え地域の人材育成に果たす役割がきわめて重要となってくるものと思われる。あるシンポジウムで東北のインテリジェント・コスモス構想の話があった。

これはどんな構想かと言うと、試行錯誤でもいいから東北地方の各地域に色々な研究開発機関をつくって、東北の振興をやろうというものである。中四国でもそういったことを今後この不況時代の中でこそやるべきではなかろうか。そうして、岡山県にも外来型の企業のみでなく（これらの大企業も持続的発展に向けて技術的・構造的変革が要請されている）、層の厚い中堅企業・中小産業が出て大企業とも対等に連携しながらやっていく。ポストバブル、そしてポスト瀬戸大橋時代にはそういった問題を踏まえた新しい地域づくりの方向が目ざされなければならないのではないか。

農業についてはふれ得なかったが、食料供給とともに特に自然景観や水資源保護などに果たす農業・農村の新たな公益的機能にも注目が集まっている事だけ述べておこう。岡山県南地域は、歴史的な農業の高位生産力地帯であり米生産における規模の経済化も大切ではあるが、さらにまち（村）起こしの中で、付加価値の高い（酪農製品を含む）農産加工品等の位置づけもしておく必要があるだろう。

以上が、岡山県南地域を中心とした分権時代の内発的な地域づくりに向けての私なりの感想めいた提言である。

内発型産業への転換

地域開発と岡山県の重化学工業化

岡山県では、戦後の高度経済成長・地域開発の時期－ふつう一九六〇年代の拠点開発の時期と呼ばれている－に県南の水島地区を中心に鉄鋼、石油・石油化学などいわゆる素材型産業を中軸とした重化学工業の立地が行われた。当時の三木県知事による熱心な工業誘致政策によって、伝統的に農業と繊維産業など軽工業と造船、戦時中の航空機生産など一部の重工業の立地が見られるに過ぎなかった岡山県の産業構造の転換（第一次）が見られたわけである。

しかし一九七三年秋に始まる石油危機に伴う低成長への移行、プラザ合意と円高経済、バブル経済とバブル崩壊といった日本経済を取り巻く一連の事態の中で、このような岡山県下の産業も、再び第二の構造転換を迫られるに至っている。

新たな構造転換に向けての課題

この事態を前に、今日の岡山県産業の新たな構造転換に向けての課題を私なりにまとめて見る。

第一に、鉄鋼・造船・石油精製・石油化学といった、これまでの臨海型・装置型・素材型産業は、国際的な需要構造の変化や東アジアなど発展途上国からのキャッチアップによって、より技術力の高い、製品の質の高い、また、先端型（ハイテク型）産業への構造転換を迫られてきていることである。この点では、自動車工場におけるメカトロ化の進展や造船・鉄鋼・化学などにおけるコンピューター化やハイテク技術の活用などを通じた新製品の開発への努力が既に、この分野でも見られ出している。今後、これらの先端技術を生かしつつ、さらに、地元の中小企業にいかに技術移転していけるかであろう。

中堅企業の広がり

第二に、岡山県の伝統的な中小企業、在来型産業の技術創造力の高い〝中堅企業〟に向けての転換の課題がある。この点でも、近年、県下に国際的な技術力を有するいくつかのユニークな中堅型企業が生み出されていることに注目しておきたい。

鉄鋼と特に化学工業に著しく特化していた岡山県の産業構造の中で、いわゆるハイテク型の電気・機械工業などの比重が統計的にも少し高まってきている。

もちろん、エレクトロニクス、情報通信、精密機械、航空機関連などの分野での立地の遅れも認められ、今後サービス産業や林原に見られるようなバイオ型産業、これら地元企業の国際競争力にも耐え得る技術力を生かし、投資の拡大による内発型の産業振興の方向―中堅企業のすそ野の広がり―をさらに期待しておきたいと思う。

第三に、内発的発展について言えば、今一つ近年の町おこしや村づくり運動の中に見られ出している農産加工品、林産加工品、水産加工品やいわゆる一・五次産業などの開発をめぐる問題がある。大分県の〝一村一品運動〟に始まるこの運動は、近年ロシアや中国、東アジアなど発展途上国にまで広がりを見せている。

例えば、大分県の麦しょうちゅうや車えび・生しいたけの真空パックによる東京空輸、北海道や信州のワインづくりなど、地域によっては高い付加価値生産をもたらす産品もいくつか見られている。ただ、単に一村一品にとどまらず、農業の構造改革を踏まえ、さらに複合型経営化の方向も必要であろう。

岡山県下のワインづくり、漬物工場などの中には今一歩のものもある。近年の県内の地酒づくり（純米酒ほか）や地ビールなど従来の岡山の酒の〝樽売り〟方式とは異なった地域特性も見られ出している。その内発的発展への可能性に期待しておきたい。

徳島県上勝町の事例

徳島県の中山間地域に上勝町と言うのがある。人口二千数百人の町であるが、過疎化した町を元岡山大学農学部教授の目瀬守男氏やわれわれで協力して「いっきゅうと彩りの里・かみかつ」とのキャッチフレーズのもと町の振興計画を作り上げ町民参加でまちづくりの実践をおこなった。しいたけの苗床栽培（上勝バイオ）を核に、四季の「彩り」の採集と産業化、都市と農村の交流による町づくりの実践等を行い、毎日新聞賞を受賞するなど内発的発展の町づくりとして全国に知られるに至っている。

起業家とベンチャー型企業の育成

最近、「若者会社」、「ベンチャーエンタープライズ」「起業家」（アントレプナー）という言葉がよく使われる。アメリカにおけるコンピューター産業におけるマイクロソフト、インテル、シスコシステムズ、オラクル、アムジエンなど一連の情報通信・バイオ関連産業の躍進は目を見張るものがある。

日本でも、これらの影響があると言えるが、例えば、ソフトバンク、日本アムウェイ、THKなどの株式店頭市場での台頭はこの動きを示すものであろう。しかし、日本では、なお、ベンチャー型企業にリスク性の高い資金を提供する土壌は十分とは言えず、これらは、今後への課題といえるだろう。

とはいえ、近年、若い起業家の中には、既存の会社や銀行などの日常業務に飽き足らず、自ら会社おこしに進む人も見られ出している。岡山県下でもゼロから出発して既に従業員一〇〇名～二〇〇名以上の会社に成長した若い起業家＝経済人（女性を含む）のケースがいくつか見られ出していることは注目しておいてよい。

内発型産業への転換と地域経済活性化へのアプローチは、ほぼ以上のような局面の中から取り組むべきものと思っている。

四、地域の国際化について

自治体と地域の国際化

国家の枠組み超えて

交通通信手段の著しい発達の中で、地域のグローバリゼーション（国際化）が言われ出してから久しい。科学技術の著しい進歩の中で、人間と自然との共生と共に、地球上における南北問題の格差の縮小や地球環境問題の解決に向けて、国家・国境の枠組みを超えた地域間の国際的な交流・共生のあり方が問われる時代を迎えている。

地域の国際化はどのように進行し、また、この問題には今後どのような視点が必要なのか。

第一に、外形的には、各自治体間の親善の縁組みまたは姉妹提携（いわゆるシスター・シティ）の動きである。

戦前の東京市や大阪市、神戸市などの大都市では、例えば東京市の後藤新平市長がニューヨーク市から行政学者チャールズ・A・ビーアド博士を招いて大都市行政への助言を仰ぐなど個別の大都市間の交流が行われた。しかし、姉妹提携縁組み外交として本格的に進むのは、第二次大戦後からであった。

一九九五年十二月七日、被爆都市長崎市が合衆国のセント・ポール市と姉妹提携を結んだのが最初であり、戦後の国際平和と地方自治進展の成果であった。

以来この動きは急速に進展し、、九三年九月一日現在、六七二自治体、八九六組にまで拡大した（国際親善都市連盟調べ）。

姉妹提携による国際交流の動機・目的などを見ると、首長・議員、経済・文化施設団等の派遣・受け入れ、文化・教育・スポーツ・宗教等にかかわる人的交流、工業展覧会・物産展の交流など人、物の両面にわたる交流が見られるが、なお、首長・議員などの儀礼的な交流にとどまっているケースも多い。

民間企業の海外進出

第二に、姉妹縁組を結ばなくても、個別の各自治体間での行政管理技術や都市政策の情報交流、地域民間企業の海外進出と産業技術・医療技術などの交流、文化人・芸術家・宗教家をはじめ民間のボランティア団体（ＮＧＯなど）による福祉サービスの交流などにまで広がりを見せるに至っている。

第三に、ボーダーレス時代の都市住民構成をめぐる問題がある。ニューヨークやロンドンなどの国際都市と同様に、わが国の東京、大阪など大都市をはじめ今日では地方都市においても、第三世界－特に東アジア－からの人びとが多数流入し、都市住民の一部を構成し、居住外国人（合法・非合法を含む）の人権をめぐる問題もがクローズアップされている。

環日本海時代の到来

地域の国際化の中で、「環日本海」時代の到来をめぐる最近の動きが注目される。北海道から新潟、島根、山口、福岡に至る日本海沿岸の地域は、対岸のロシア、大陸の中国、韓国などとも歴史的な関係も深く、今日、この地域の姉妹都市交流は、当初の人的交流から、産業技術、農業技術、医療技術の援助交流、芸術・文化の交流など幅広くかつ地域文化の深部にまで及びつつある。

「環日本海」時代の幕開けのきっかけは、日本海・出雲周辺地域を中心とした多量の青銅器の出土、中国中山間地帯におけるたたら、製鉄加工技術などが大陸文化との深いつながりを持つことが検証されたことなどにあった。

瀬戸内と東アジアとの交流

これを中国地方の瀬戸内側を例に取って見よう。瀬戸内海は古代から海上交通の要衝に位置し、商品経済の早くからの発達と大陸の先進文化の受容にとって有利な位置を占めてきた。

例えば、七、八世紀遣唐留学生として阿倍仲麻呂らと共に日中交流に果たした吉備真備（祖父の出身地は岡山県真備町周辺）や近世の朝鮮使節の寄港地に指定された牛窓町の事例はもちろん、この地域の東アジアとの深いつながりは、より古い時代にまで遡（さかのぼ）ることができる。

大和・出雲と拮抗して瀬戸内に形成された古代吉備王国は、米（稲）栽培、製鉄、製塩の三大生産力と技術で知られた。この背景の一つに、五世紀の末、吉備一族が南朝鮮の地域と直接的な交流関係をもち、百済から工人（技術者）を多く招来したことに始まる。古墳時代から製作された須恵器の土器は瀬戸内の各地で出土し、同地名も多く残されている。百済の工人の創造した瓦、廃寺に出土する高句麗系の創建瓦、機（はた）織り技術の伝承についても同様である。

吉備津神社で知られる温羅（うら）は「百済の王子」とも伝えられ、古代吉備の在地勢力によって建造された鬼ノ城が、朝鮮式山城であったことにも、瀬戸内地域と朝鮮地域との深い文化的つながりを見ないわけにはいかない。

一九九二年の秋、筆者は韓国ソウル大学での日韓地方自治国際シンポジウムの後、招かれてソウル郊外の民族村や済州島の石積み遺跡をいくつか見た。そこに瀬戸内の築城や石積み遺跡との相似性を多く発見して深い感動を覚えた記憶がある。

瀬戸内と米国・オセアニア・地中海・スイスとの交流

姉妹都市の縁組と自治体間の交流は、さらに、瀬戸内の岡山市とアメリカのサンノゼ市、倉敷市とクライストチャーチ市（ニュージーランド）、牛窓町とミテイリニ市（ギリシャ）、鏡野町とスイスのイヴェルドン市（ペスタロッチが活躍したまち）という風に今日さらに広がりをもって結ばれていく傾向が見られる。今後、観光に加えてさらに産品や技術・文化の奥深い交流が進められることを期待しておきたい。

百済文化圏と瀬戸内との交流

一九九四年秋に韓国を訪れ、韓・日（日・韓）地方自治国際セミナーに参加した。会場は、ソウルから南へバスで約二時間、大田市の国際会議場で、一九九三年にエキスポの開催された建物がそのまま活用された。

この地方自治国際セミナーは、この年が三回目で、第一回は韓国のソウル大学、第二回が日本の早稲田大学というふうに日・韓の各地方自治学会の国際交流事業の一つとして行われている。韓国では、二年前の九二年に地方議員の選挙が初めて行われたが首長はなお任命制であり、九五年六月を期していよいよ首長の選挙も実施されることが決まり、韓国での地方自治への関心は高まったのである。こうした時節でもあり、会場は韓国内務省・地方自治学会・自治体関係者などで満席となった。

日本側の代表団は、団長の宮本憲一氏（当時の日本自治学会会長、立命館大学教授）ほか八人であった。「地方自治の国際化」が共通テーマで、地方自治団体の環境管理について元逗子市長の富野暉一郎氏（当時の島根大学教授）が、地方行政の複合経営化について坂本（岡山大学）が、ガット・ウルグアイ・ラウンドと日本農業について石原健二氏（協同組合経営研究所）が日本の学会を代表して報告、韓国側の報告と共に討議した。

韓国はいま、高度成長の中末期に相当する時期で、公害・環境管理問題（特にごみなど廃棄物行政）、都市経営や第三セクター問題、コメの将来と農村問題など、日本と類似する地域問題がきわめて多く、親近感があった。

筆者は、現代の地方行財政が混合経済体制のもとで複合経営化している中、地方自治と地域経営のあり方が問われていることを岡山県などのいくつかの事例をもとに報告した。チボリ公園問題もあったが、特に岡山県下の第三セクター型運営による福祉工場やワイン醸造場、農林産物加工工場、廃棄物処理とリサイクル化、農村型リゾートのあり方（例えば久米南町や英田町、鏡野町ほかの事例）などが関心を集め、現地のマスコミでも大きく取り上げられたことを報告しておきたい。

このときの訪問旅行の圧巻は、何といってもセミナー終了後、公州市・扶余郡一帯など日本の奈良や近江、瀬戸内文化とも密接な関連を有する百済文化の多くの遺跡を訪ねることができたことである。

忠清南道の古都・公州市は、百済の武寧王陵の発見・調査で知られ、宋山里古墳群などの遺跡が現地や博物館に保存されていた。わが国の歴史の教科書でも知られる白馬江の流れる扶余の町は、飛鳥の里の風景に似ていると言われているが、筆者にはむしろ、古代吉

韓国　扶余（ぶよ）の石積み遺跡

備の国の古里である総社市・山手村辺りの風景に似ているのではないかと思われた。
扶余の国立博物館では、折から出土した金銅製香炉が展示されていた。保存された古墳時代の多数の土器や瓦などが百済の工人の創造したもので、機(はた)織り技術などとともに瀬戸内や古代吉備王国にも伝えられた。

吉備津神社の釜鳴神事で知られる温羅(うら)は「百済の王子」とも伝えられるが、古代吉備の在地勢力によって建造されたといわれる鬼ノ城が朝鮮式の築城であり、熊山遺跡など各地の石積み遺跡と旧百済地域のそれとの相似―考古学的にはいまだ検証されてはいないが―が感じられてならなかった（もちろん新羅文化の影響もあるだろうが―）。

公州・扶余地域では、百済文化圏特定地域総合開発計画として歴史に根ざした内発的開発が進められていた。この訪問を通じて百済の遺跡や文化財に接することができた筆者は、東アジアと日本、とりわけ瀬戸内地域との国際交流が、かつての加害者と被害者の枠を超え両国民族の歴史と文化の基底・その深層にまで及ぶ「共生への課題」として進められ、とりわけ岡山と百済文化圏との地域交流が今後ますます活性化することを期待して帰国したのである。

国際化と地方空港の活性化

地域の国際化をめぐる問題については、今日、環日本海地域の東アジアとの国際交流が盛んになっているが、瀬戸内海地域についても「環瀬戸内地域」ないしは「瀬戸内文化圏」の形成をもとに、中国、韓国、台湾、東アジア諸国、さらには、ヨーロッパの地中海周辺地域との国際交流が今後益々重要となることだろう。

たとえば、岡山市と中国の洛陽市との姉妹都市化などは、その一例である。また、牛窓町は、地中海ギリシャのミテイリニ市との姉妹提携をしていることも周知のところである。この場合、地方空港が、地域の国際化にとってきわめて重要となるのではないか。そこで、瀬戸内の岡山県などを中心に、国際交流の拡大を中心とした地方空港の活性化について考えて見たい。

瀬戸内海地域が古代から海上交通の要衝に位置し、商品経済の早くからの発達と大陸の先進文化の受容にとって有利な位置を占めてきたことは既に述べた。地方空港が今後地域の国際化及び東京一極集中の是正と地域の活性化に果たす役割が益々大きくなっているものと言える。今日、日本特に中四国の地方空港の東アジアとの定期便やチャーター便の例は多くある。この点は、九州の福岡空港は国際空港でもありすでに周知のところであるが、岡山、高松、広島、出雲、米子、松山…など中四国のいずれの空港も国際化の方向をめざして努力しているところである。

新岡山空港についても、首都東京との関係、新幹線ののぞみ号との競合で利用率の低下が心配でもあるが、東アジアの韓国（ソウル以外の済州島など）、中国（北京以外の遼寧省や大連他）、香港、台北、シンガポール、東南アジア地域やさらにはヨーロッパ地域との定期便の新増設の方向が益々重要となるだろう。特に国際的な姉妹都市縁組みをアジアやヨーロッパとさらに結び、日常的な人・物の交流をさらに促進してゆくことが必要とされるのではないか。

その場合、古代から瀬戸内の各港湾が海上交通に果たした役割と同様に、岡山、高松、広島、米子、松山…など地方空港の連携化（ネットワーク化）による海外の空港との定期路線化の方向が今後望まれる。この点では、空港の地域間競争のみでは問題が解決しないだろう。むしろ、瀬戸内の各地方空港の国際化に向けての連携化こそ今後必要となるのではないか。

関西新空港を西日本のハブ（基幹）空港とし、瀬戸内の各地方空港とのネットワーク化、地方空港の人と貨物輸送との連携した発展策、空港への公共高速輸送手段（新交通システムや既存のＪＲ支線の活用）による域内アクセスの強化、なども欠かせない課題である。

そうして、旧岡山空港はもちろん、現行の笠岡農道空港なども、農水省と運輸省等の縦割り行政の総合化によって、人と物の輸送の連携を実現し、各地方空港の国内および国際的なネットワーク化を図ることが、今後の地方空港の息長い存続と活性化を図る上で必要な視点ではなかろうか。

国際化時代における地方空港の活性化は、「環日本海地域」や「環瀬戸内地域」に所在する各地方空港の連携化によるネットワーク化の実現によってこそ、可能とされるのではないか。

企業の国際化と留学生

中国地方は、瀬戸内海や日本海の海上交通を通じて、古代の早くから大陸との人的・技術的・経済的交流が盛んであった。例えば、古代吉備の国の製鉄、機織り、土器、石積み（築城）などの技術には、今の中国や特に朝鮮半島からの強い影響が認められる。いわゆる環日本海や瀬戸内経済圏は、東アジアとこの地域との古くからの交流の事実を示す国際的な〝場〟でもあったのである。

最近、（財）岡山県国際経済交流協会（事務所は中国銀行本店内）によって、「岡山県経済国際化レポート」（平成十年三月）が刊行された。この調査によってみても、岡山県内企業の海外で事業活動を行っているもの百一、拠点数では百七十八にも及ぶ。この内の過半数が、中国をはじめとする東南アジアの国々である。

これらを業種別で見ると、岡山県に伝統的な被服縫製をはじめ、電気、ゴム等の各種製造業、運輸・通信、卸売・小売、出版、金融・サービスなど多方面に及んでいる。特に中国の東北部遼寧省や上海市など戦前から岡山県との関連の深い地域を中心にかなり進出しており、私も最近北京や遼寧省の審陽、鞍山、武漢など現地でいくつかの中日合弁企業を訪問し、その実情にふれる機会があった。

一方、海外からは、留学生や研修生が多数来ている。海外からの留学生は、県内十四の大学・短大・高専等で約六百四十人、このうちアジアからの留学生が九〇％を占める。

岡山県内の留学生の状況を全国と比較して見ると、大学院レベルの留学生が五一・六％（全国四三・七％）と過半数を占め、その分野も人文・社会科学のほかに、工学、医・薬、農など岡山県に特化している産業技術の研究分野に多く、その受け入れ数も、この十年間で四～五倍と急激に増加している。

また、岡山県の海外技術研修員の受け入れも、平成九年度まで二十三か国、二百四人に及んでいる。地域の交際化は、企業の海外進出と一方での海外からの留学生や研修生の受け入れの両面で進んでいる。

このような状況を踏まえ、今後岡山県経済の国際化に向けて何が必要とされているのか。国内企業の海外進出は、一面で産業の〝空洞化〟と受け取られやすいが、これら企業は、現地法人の活動を通じて付加価値生産（雇用と所得）に大きく貢献し、様々な困難を克服しつつアジアとの〝共生の課題〟にこたえようとしている。

今後、留学生や研修員が、岡山県の伝統的な農業―たとえば岡山県の有機栽培農業や装置型酪農などもアジアから注目されている―、医療技術や薬剤・福祉、教育、公害環境対策等の技術を学んで、前述の海外進出企業との相互理解と交流をより一層深めていくことが期待されている。また、そのための何らかの手だてや方策―公共・民間両面での―も必要であろう。

それにつけても、一方では、アジア諸国を取り巻く今日の通貨危機が、留学生の生活を圧迫してきており、これら留学生への自治体・企業・大学等のより一層の情報提供と支援策が必要であろう。このような国際化レポートをさらに充実させ、両者の一層の理解と交流のきずなを深めていくことが、地域の国際化に向けて欠かせない課題となっているのである。

アジアの旅の中で

アジアＮＧＯとの交流

昨年（一九九八年）は、大学の公務が少し余裕ができたこともあり、東アジアの諸国をいくつか訪れる機会があった。七月から八月にかけ、中国の北京と大連、韓国の釜山・ウルサン（新興の工業都市で公害の深刻さでも知られる）、慶州、大田市（百済文化圏の中心）、ソウルなどを訪問し現地の自治体当局者やＮＧＯの人びとと交流した。

十月一日は中国の国慶節だったが、この前後に武漢の大学を訪れ「日本経済論」の講義を行った。中国の学生たちが、日本の通貨問題に大きな関心を抱いていることを知って驚かされた。講義を終えて後、長江（揚子江）の遠景を見おろすことのできる黄鶴楼に上るなどして秋の国慶節の一日を楽しむことができた。

その後、十一月の下旬には、フィリピンの環境調査にも出かけ、マニラのフィリピン大学ではこの国で草の根の自治や環境問題の活動を行っているＮＧＯ（非政府組織）のメンバーとの交流を行い、その後、シンガポール大学を会場に開催されたアジア・太平洋環境ＮＧＯ会議（第四回）に出席して帰国した。

深刻化する環境問題

今、アジアは、様々な意味で世界の注目を集めているが、そこにはまた、共通した課題がある。その第一は、ここ十数年アジア各国は経済の八％～十％以上の高度成長をとげ、日本の高成長時代の後追いをしている。したがって、一昨年来の中国香港の株式暴落に始まりアジアの通貨危機にまで発展した経済危機が、日本やアメリカなど世界経済の動向に影響を与える事態にまでなってきている。先に述べた中国の学生の日本経済への異常なまでの関心もこの事実の反映でもあろう。

第二に、アジア各国の高度経済成長の中で環境問題が年々深刻になっている。工場の煙や廃水問題をはじめ、中国や韓国の河川はんらんによる洪水被害は、上流の森林伐採による雨水の自然保全機能の喪失が主要な原因とも言われている。フィリピンなどアジアの大都市では、都市の自動車交通による大気汚染も次第に深刻化している。自動車交通問題もそうだが、今日のアジアの公害には、日本企業の現地での行動にも大きな原因があると見られるものも多い。

第三に、このような状況の中で、今日アジアでは、グリーン・ピースなど環境保護団体、福祉ボランティア団体、リサイクル運動団体等ＮＧＯ（あるいはＮＰＯ）と言われる市民の団体、非営利団体、女性団体等が活発な活動を始めている。

アジアに住民の活動の芽

これらＮＧＯ団体のひとつマニラの「母の大地」(Mother's Earth) という市民団体のリーダーの家を訪問した。ひとつのバランガイ（フィリピンの近隣行政区で日本の町内会に当たる）を拠点に住民がコンポストなどリサイクルの活動を行っているものであったが、自治行政区と住民運動とが連携して活動していることが注目された。

環境問題の研修や啓蒙活動を行う市民団体もいくつかあった。児童生徒への環境教育にも力が入れられている。

ＮＧＯとの会議のあい間、平和活動センターの現地での活動の一つＳＤＲコンコウキョウ・センターというＮＧＯ施設を訪ねた。テレサ・アマンデ所長他十三人のスタッフ（ソーシャル・ワーカーを含む）、七人の教師が、かつてスモーキング・マウンテイン（ごみの山）のあった港に近いスラムの子供達一七〇人を集めて保育・職業訓練他の活動を続けており、若い彼女らと話し合った。

今、アジアの各地では、このような草の根の市民団体、ＮＧＯ団体－宗教者を含む－が環境・福祉・社会教育分野で活発な活動を続けている。アジアの各地で民衆の地方自治への自覚が高まりつつあることが注目される。

五、地域と大学

経済学教育とボランティア・プロフェッサー

岡山大学経済学部の「ボランティア・プロフェッサー制度」による初講義は、一九九六（平成四）年四月十二日に始まった。

これは、経済学部のカリキュラム改革や自己評価活動に基づく授業内容の改革方針によっているが、折しも岡山の地元の経済人の集まりで知られる岡山経済同友会が、ボランティア・プロフェッサー制度を発足させており、この制度を経済学部でも受け入れ、学生の多様なニーズに対応する講義の一環としたのである。この制度は、同時に岡山商科大学商学部でも実施された。

この制度が発足するきっかけを振り返ってみると、この方向が提起されたのは、同経済同友会の「より良い企業と社会委員会」（当時の委員長は、小嶋光信両備運輸社長）の討議の中からだった（岡山大学経済学部「経営学特殊講義関連資料集」一九九六年度参照）。岡山経済同友会は、早くから岡山大学産業経営研究会への研究助成なども続けて下さっており、私も同会とは比較的早くから交流を持っていた。かつて、小嶋社長から、同委員会の共同討論者を紹介してほしいとの依頼を受け経営学の榎本悟氏（現広島大学教授）と向山敦夫氏（現大阪市立大学教授）の両名を紹介させてもらった。

その前年の一九九五年秋、榎本教授の国際経営Ⅱの講義に当時の経済同友会代表幹事大原謙一郎氏（中国銀行副頭取）を招き、同氏は「企業の世界戦略と金融」をテーマに特別講義をされて、多くの学生が関心を持った。これが、事実上のボランティア・プロフェッサー制度の始まりだったと言える。

ボランティア・プロフェッサー講義の開講式
（岡山大学で）

九六年度には、榎本教授の担当のもと経営学特殊講義として、大原氏のほか、カイタックの貝畑雅二社長、さえらの木谷忠義社長、両備運輸の小嶋社長、セイレイ工業専務の藤林好氏らがそれぞれユニークな講義をされた。九七年度からは、経済学部の中村良平教授の担当のもと経済学・経営学特殊講義として経済同友会の他のメンバーがそれぞれの会社の現場での経験を踏まえ講義を担当されて今日に至っている。同時に学生が企業研究のため各企業でも研修できるオープン・カンパニー制度も導入された。九八年度には、これらに加えて平岩孝一郎日本銀行岡山支店長による特殊講義、岡山県の野平匡邦、太田房江、本田茂伸の三副知事による特殊講義他も実施されるに至っている。

学部教授の講義が理論的体系的に講義する傾向が強いのに対し、上記の講義は現場の実践を踏まえておられ、実践的性格が強い（もっとも私の聴講した限りでは、独自の日本経済論や、産業論を体系的に展開される講師もおられた）。この両者が有機的に機能することによって授業の活性化が図られるだろう。事実、ボランティア・プロフェッサー制度が設けられてから、学生の授業への関心が高まり、出席率が極めてよくなったことが注目される。今後、この芽をどのように育てていくかであろう。特にご転勤などではるばる東京から講義にこられた講師など無償での講義協力されてきた講師の方々には、深く感謝しておきたい。

この制度には、文部省をはじめ、全国のいくつかの国立大学から問い合わせがあり、広島大学や信州大学他でも取り入れられたと聞いている。

わが国の未曾有の財政危機のなかで、今国立大学は、定員削減・エージェンシー化をめぐる問題など厳しい環境に取り巻かれ、二十一世紀の大学像が論議されている。こういった中で、経済学の授業をどのように面白く進め、学生に問題意識や目的意識を持たせつつ中身のある授業を行い、個性のある大学をいかにして創り出し、人材の育成を図ってゆくかは、今後の地方分権の中身としても大きな課題となろう。

地方にこだわった三十余年

月日の過ぎるのは早いもので、岡山大学での仕事にも区切りをつける日がきた。大学に赴任したのは、一九六七(昭和四二)年四月なので、一九九九(平成十一)年三月で三二年間の勤務となる。法文学部に経済学科が新設されて二年後からの勤務である。

かつて、地元の山陽新聞の随筆らん(「一日一題」)にも記したが(本書第一章参照)、東京にて学生生活・大学院生活・研究所など約十年間を過ごした。縁あって岡山大学に赴任することが決まったが、十年間東京にて生活しただけで地方に出ていくのをどうして〝都落ち〟と感じたのか。東京一極集中と言われる日本の国土の政治経済・文化のあり方をつくづく考えさせられた。しかも、岡山の地は、私の郷里である。そうして、私の専門が幸か不幸か地方財政学で地方自治や地方分権の意義を論ずる学問である。この学問の研究と教育を地方で進めることの意義を自らに言い聞かせ、またそのことにこだわりつづけて遂に三十余年を岡山の地で過ごすところとなった。今はただ感慨無量である。

大学に赴任して一年足らずの内にまず直面したのが「学園紛争」である。日本経済の高度成長は、学生の意識も大きく変え、旧来の大学の制度や組織では対応し切れなくなってきていた。紛争のきっかけは、岡大の場合、南北道路という市道と大学のキャンパスの兼用地域からの事件発生であったが、学生の全学ストライキから警察官と学生との衝突、研究室の封鎖といった大きな紛争へと次第に拡大して行った。当時私は職員組合連合体の書記長も務めていたが、学生との〝団交〟などの苦い経験を通じて－その後私は赴任後のわずか二年余でかつての大学厚生補導委員（全学の学生委員）に任命されていた－研究と教育の場である大学とは何かを身を持って体験することができたことは、得難い経験であった。その後学生寮問題でも何回か徹夜の〝団交〟にも立ち会った。

職員組合の連合体では、農学部の岩佐順吉教授の後を引き受けて組合売店の経営の建て直しを行ったりしている。これも今は過ぎ去った一つの思い出である。

大学紛争を過激な運動へと進めた全共闘派の学生委員の何人かは、当初、大学の厚生施設の改善と生協を求める地道な活動を行う学生達であった。しかし、全国的な「学園紛争」の大きなうねりは、このような若い学生達を一挙に大きく転換させ変貌させてしまったことが特筆できる。

大学紛争から教訓を学んだというわけではないが、大学における学生との接触による教育の大切さを痛感し、これを講義や演習に少しでも生かそうと努力した。私の所属する岡山大学経済学部は、当時法文学部経済学科で、その後学部分離（文・法・経）により一九八〇（昭和五五）年から経済学部として独立し今日に至っている。

法・経済学部は大勢の学生への講義なので、演習（ゼミナール）は最も大切な場であり、教員と学生の接触できる現場でもある。東京の大学の旧ゼミナールで恩師のゼミのやり方から学んだ面もあるが、ゼミでは年一～二回必ず都市や農村、自治体の現場へ行って調査や聞き取りを行い、学生との交流を深める機会をつくっている。県内や中国山地の過疎の村へ旅行し一泊して学生と語り合う。外国（アジア）にも一～二回ゼミ旅行した。この教育効果は大きく、当初の二～三年間は一人の参加もなかった女子学生も追々参加するようになり、今は、ゼミのOBは三〇〇人を超えている。二部学生、院生を含めるとはるかにこの数を上回るだろう（もっとも音信不通の卒業生も多くなってはいるがー）。

私の講義と授業の方法も、地域調査事例などを踏まえ、理論半分、事例講義半分である。どちらかと言えば、私の授業方法は経済学で言う〝具体から抽象への道〟であろうか。かつて某雑誌で、私もユニークな教授の一人に数えられたこともあった。

専門が地方財政学と言うこともあり、地域との交流の機会も多い。まず、倉敷市水島地区を中心とした地域開発問題にかかわった。岡山県は、戦後の高度成長・地域開発行財政のモデル県のひとつであり、工業化、都市化（一方での農山村過疎）の最も典型的なモデル地域でもある。また、教育県とも言われるが、歴史史料もきわめて豊富であり、岡山はいわば「資料の宝庫」である。専門の研究では、産業や自治体行財政をめぐる歴史研究の上でも、現状分析の上でも瀬戸内のこの地域の研究にこだわりつづけている。大学退官後も、地域市町村史の完成を含め、なお、いくつか完成させるべき課題を残している。そうして残された人生の時間になおやり残した研究を完成させねばならないと考えている。

定年前の二年間、学部長として大学行政の一端にかかわらせて貰った。大学基準協会の自己評価書の作成にかかわった。単なる自己評価ではなく、今後大学の外部評価が課題となるだろう。

いま一つの思い出は、経済学部のボランティア・プロフェッサー制度を岡山経済同友会の協力で実現できたことだ。この制度は、文部省をはじめ全国のいくつかの大学から関心を持たれ、質問が来たりしている。また、この制度を通じて岡山の経済人とも付き合う機会が増え、経済同友会の代表幹事小嶋光信氏を通じて岡山電気軌道(株)と交渉、駅西口から大学経由のバスを実現できたことだ。この構想は、以前からあったのだが、たまたまこのようなきっかけから実現できたことは幸いだった。提案者の一人ということで私も、岡山大学在職中はできる限り利用することにしてはいるが、やはり多くの学生・教職員の利用への協力の如何が今後のこのバスの運命を決めることとだろう。地方都市岡山市が、マイカー依存都市になっていることは、すでに述べてきた通り、都市の公共交通機関の整備の遅れを示すもので、これを契機に、さらに公共交通手段－市街環状電車を含む－がさらに整備されていくことを期待したい。

赴任当初から貧弱と見られていた大学の福利厚生施設（そして図書館）も、小坂学長をはじめ関係教職員・学生の努力で、近年大きな改善を見たことを共に喜びたい。岡大創立五十周年の記念の年を迎えているが、国立大学を取り巻く環境もいよいよ厳しい中、今後の大学の教育と研究が、瀬戸内岡山の地域社会の個性をフルに生かし、二十一世紀の地域と国際社会に向けて新たな飛躍を行うことを期待しておきたい。

二十一世紀の大学像が論議される今、同僚や多くの先輩・友人・知人、そして家族に支えられて無事過ごしてきた三十余年の私の歩みを静かに振り返っているこの頃である。

初出一覧

「足もとを掘れ、そこに泉が湧く」（『山陽新聞』「一日一題」一九九六年八月六日・十三日・二十日・二十七日・九月三日・十日・十七日・二十四日）
「歴史街区の保存」（『山陽新聞』都市のデザイン〈あすへの提言〉七九年十二月七日〉
「欧米に見る文化の地方分散化」（『山陽新聞』八五年十二月三十一日）
「ポーランドを旅して」（『岡大広報』No41　八十年三月）
「県都・岡山のまちづくり」（『山陽新聞』八七年八月三十日）
「影はうすいが資源は豊富」（『岡山春秋』九三年二月五日）
「もっと史蹟を生かそう」（『岡山春秋』　九三年三月五日）
「限界に近づく都市交通」（『岡山春秋』　九三年九月二十五日）
「路面電車の環状化は」（『岡山春秋』　九四年十月五日）
「都心を憩いと買い物の場に」（『岡山春秋』　九四年一月五日）
「情報化と福祉都市」（『岡山春秋』　九五年一月五日）
「都市公共交通とオールドタウンの整備」（『山陽新聞』）九四年二月二十七日
「岡山のまちづくり再考」（『岡山春秋』　九六年六月五日）
「阪神大震災に思う」（『岡山春秋』兵庫県南部地震に思う　九五年二月五日
「福祉のまちづくりをめざして」（書きおろし）

「過疎農村の再生」（『聖教新聞』過疎の再生　九五年四月十一日）
「吉備高原都市」（書き下ろし）
「近代資料の収集と文書館」（『岡山地方史研究』55号　八七年十一月）
「岡山の風土と県民性」（『岡山春秋』　九六年九月二十七日・九七年一月五日・四月五日）
「森近運平の影山謙二宛書簡について」（『岡山県社会運動史研究会会報』第28号　九八年三月）
「大型公共事業を考える」（『岡山春秋』　九七年十一月二十五日）
「地域の活性化と交流人口」（『岡山春秋』　九五年六月五日）
「本四三橋時代の内発的発展」（「瀬戸大橋架橋五年後の地域経済」『商大レビュー』創刊号
岡山商科大学　九三年十二月より抜粋）
「産業の内発的発展を考える」（『フォーラム会報』　九六年上　岡山県新技術振興財団
「東アジアと瀬戸内の交流」（『岡山春秋』　九四年四月五日）
「百済文化圏と瀬戸内との交流」（『山陽新聞』　九四年十二月二十日）
「自治体地域の国際化」（『聖教新聞』　九四年三月十七日）
「国際化と地方空港の活性化」（『岡山春秋』　九四年六月五日）
「アジアの旅の中で」（『金光新聞』　九九年二月二十八日）
「企業の国際化と留学生」（『山陽新聞』　九八年九月十九日）
「経済学部とボランティア・プロフェッサー」（書き下ろし）
「地方にこだわった三十余年」（『岡大広報』№97　九八年十二月十五日）

■著者略歴

坂本忠次（さかもと・ちゅうじ）
1933年　岡山県倉敷市に生まれる。
1957年　東京大学卒業後、経済研究所などをへて
1967年　岡山大学法文学部に勤務
1980年　岡山大学経済学部教授、経済学博士
1999年　岡山大学名誉教授、関西福祉大学教授。

主な著書
『日本民衆の歴史・地域編（神と大地のはざまで）
— 岡山の人びと —』（三省堂、共著）
『現代地方自治財政論』（青木書店）
『日本における地方行財政の展開』（御茶の水書房）
『大正デモクラシー期の経済社会運動』（御茶の水書房）
『瀬戸大橋と地域経済・環境問題』（山陽新聞社、共著）
『分権時代の福祉財政』（敬文堂、共著）
『分権化と地域経済』（ナカニシヤ出版、共著）
『地域史における自治と分権』（大学教育出版、共著）他

現住所　〒714-0062 岡山県笠岡市茂平2448

分権時代のまちづくり

— 足もとを掘れ、そこに泉が湧く —

2000年4月20日　初版第1刷発行
2001年6月20日　初版第2刷発行
2004年3月30日　初版第3刷発行
■著　者——坂本　忠次
■発行者——佐藤　守
■発行所——株式会社大学教育出版
〒700－0953　岡山市西市855－4
電話(086)244－1268㈹　FAX(086)246－0294
■印刷所——サンコー印刷㈱
■製本所——日宝製本㈱
■装　丁——ティー・ボーンデザイン事務所

ISBN4－88730－379－3